이 타 주 의 자　선 언

이타주의자 선언

공적 슬픔과 타인의 발견

최태현

디플롯

제게 다가온 이들에게

차례

들어가며 타인이라는 아름다움   10

1장 타인들

너와 나   22

타인을 향한 감정   34

아픔이 아픔에게   41

마음의 거리   48

2장 태도들

배려   56

합창에 대하여   64

희생하지 마세요   72

나의 언어, 우리의 언어   79

그 하나의 이름   90

3장 가족이라는 타인

모쿠슈라   98

딸: 일기들   108

어느 별이 되었을까   121

4장 시민이라는 타인

늦게 만난 세계   130

인간, 자연, 그리고 거리   139

헌정   148

영웅과 시민: 달의 어두운 면   154

5장 내려놓음

시간, 사람, 깨달음   164

당신은 좋은 사람입니까   174

누구나 어디선가 멈춘다   182

6장 죽음

또랑이의 죽음　190

아버지가 가시던 밤　195

나를 위한다고 말하지 마　199

무엇을 위해 살고, 싸우고, 죽을 것인가　206

나가며 늦은 고백　213

감사의 말　223

참고문헌　225

타인이라는 아름다움

우리라는 말에 마음이 복잡해지는 시대입니다. 원래는 마음이 통하고 삶을 함께하는 사람들이 스스로를 일컫는 말이었지요. 하지만 "우리가 남이가" 같은 유행어가 표상하듯 우리라는 말에 끼리끼리 어울리며 폐쇄적인 집단을 형성한 기득권자들이 떠오르기도 합니다. 제가 참여한 어떤 책에서는 '우리나라'를 전부 '한국' 또는 '대한민국'으로 바꿨습니다. 우리나라의 '우리'는 서로 다정하고 따뜻하게 대하며 돌아봐주는 마을공동체적 '우리'가 더는 아닙니다. '우리'가 되고 싶은, 되지 못하는 다양한 사람들이 한반도라는 공간에 함께 살아가는 현실에서 '우리'를 말할 때면 조심스러워집니다.

너와 나라는 표현은 좀 더 편안하게 다가옵니다. '너와

'나'는 반드시 '우리'일 필요는 없습니다. 그저 너 그리고 나, 이렇게 있는 것입니다. 설령 제삼자가 있더라도 '우리'가 아니라 세 가닥의 '너와 나'가 있을 뿐입니다. '너와 나'에서는 집단의식이 드리우는 그림자도 사라지고, 집단에 매몰되어버리는 '나'에 대한 염려도 접어둘 수 있습니다. '우리' 안에서 추상화될 수 있는 수많은 '너'에게도 일일이 그 이름을 불러줄 수 있습니다. 수많은 '너'의 이름을 부르는 방식은 내가 나 자신을 확장하려는 마음의 결을 반영합니다. 너와 나. 상호 이해와 존중의 가능성이 무궁무진하게 들어 있는 표현이자, 사람이 개인으로 남으면서도 관계로 나아가기 위한 첫걸음. 한편으로 공동체를 강조하는 이들에게는 조금 모자란 걸음.

때로는 **여러분**이라는 말도 씁니다. '우리'보다는 좀 더 개별적인 호명입니다. 연사가 청중 한 사람, 한 사람과 눈을 맞추며 힘주어 말하는 듯한 느낌을 주고 싶을 때 씁니다. 하지만 그 연사는 '여러분'에 속한 이들의 차이는 일일이 인식하지 못합니다. 각각의 개인들이 눈에 들어오긴 하지만 그들 각각의 차이를 다루기에는 어려운 위치에 있습니다.

때로는 그래서 **당신**이라고도 합니다. 정말로 그 한 사람에게 직접 말을 걸고 싶을 때 쓰지요. 서로 다른 사람들의 평균적인 마음에 두루두루 다가가려는 것이 아니라, 기필코 그 한 사람의 마음에 들어가려는 의지를 미처 감추지 못할 때입니다.

그리고 널리 쓰이는 또 다른 말, 바로 **타인**이 있습니다. 꼭 사람일 필요가 없다면 **타자**도 좋겠습니다. 내 바깥에 공존하는 모든 존재를 지칭하는 말. 지칭하는 순간 내 안에 들어와 버렸지만 반드시 '너'라고 부를 정도로 아직 가깝지는 않은 이들에게, 하지만 충분히 그 존재가 내게 의미 있는 이들에게 쓰는 말.

이 책을 집어 든 당신을 뭐라고 부를까요. 이 책에서는 '우리'를 많이 쓰는데, 거기에는 특별한 경계가 없습니다. 책을 읽거나, 듣거나, 손가락으로 짚어갈 모두를 의미하기 때문입니다. 경계가 없기에 실체를 정의할 수도 없는 그런 '우리'이기도 하지만 그래서 누구도 배제하지 않는, 누구나 들락날락할 수 있는 생각공동체입니다. 환영합니다.

이타주의의 시대입니다. 시장의 보이지 않는 손이 마법을 부려 사람들이 이기적으로 선택해도 충분히 사회적 후생이 보장된다는 주장은 애덤 스미스 이래 여러 가지 다른 모양으로 반복되고 있습니다. 그런 영역이 있는 것은 사실입니다. 빵 굽는 사람이 자신의 번영을 위해 더욱 맛있는 빵을 굽는다는 것은 자본주의의 맹아를 보며 경탄한 스미스가 살아 있을 때나 지금이나 모두 사실입니다. 하지만 스미스가 말한 빵 굽는 사람들 가운데는 재료를 섞다가 한 청년이 빨려 들어가 사망한 기계 앞에 다음 날 다른 청년을 세우는 사람들도 있다는 것을 우리는 이제 압니다. 맛있는 빵이 모두를 이롭게 할지는 모르지만 맛있는 빵을 굽는 모든 과정이 모두를 이롭게 하지는 않습니다.

사람들은 흔히 이기주의와 이타주의를 구분합니다. 반대로 '이기적인 것이 이타적인 것' '이타적인 것이 이기적인 것'이라는 발상의 전환을 시도하기도 합니다. 실제 우리의 삶은 이기주의라는 바다와 이타주의라는 육지(반대로 말해도 상관없습니다)가 만나는 갯벌 같은 공간에서 이루어집니다. 우리는 이 갯벌 위에서 태어났습니다. 이 갯벌은 넓고 우리네 삶은 짧아서 순수한 바다와 육지보다는 이 갯벌 위에서 평생을 보내다가 간다고 해도 과언이 아닐 겁니다.

이 갯벌에 다가가는 길은 몇 갈래가 있습니다. 하나는 **과학적 논리**의 길입니다. 이 길에서는 최근 행동경제학과 사회심리학, 진화생물학의 발견에 기대어 '인간은 이타적으로 행동하도록 진화된 존재다' '이타적 존재가 생존에 유리하다' 등의 논의들이 제시됩니다. 다른 하나는 **문학적 공감**의 길입니다. 이 길에는 마치 명작들이 전시된 미술관의 회랑처럼 복잡다단한 우리의 경험들을 포착한 이야기들이 양쪽에 기록

되어 있습니다. 그 이야기들은 이유를 알 수는 없지만 사람들이 이기적이면서 이타적으로 행동해왔다는 사실, 나 역시 그렇게 살아갈 것이라는 꽤 강한 짐작 같은 것들을 건넵니다. 또 다른 하나의 길은 **자기 자신이 마음속에 만든 길**입니다. 우리가 컴퓨터 화면에서 보는 아이콘들 뒤에는 복잡하고 긴 프로그램 코드가 있듯이, 매끈한 승용차의 보닛을 열면 복잡한 엔진룸이 나타나듯이, 겉으로 보기에 단순한 우리의 행동 이면에는 복잡한 동기들이 있습니다. 우리는 단순히 딱 잘라서 이기적이거나 이타적으로 행동하지 않습니다. 여러 마음이 얽혀 행동으로 이어집니다. 이런 마음은 각자의 경험, 시간의 흐름에 따른 성숙, 그때그때의 상황에 따라 빚어지고 발현됩니다. 마음의 갯벌에는 참으로 다양한 생명들이 살고 있습니다. 무엇을 먼저, 자주, 특별히 발견하게 될지 알 수 없습니다.

각자도생이라고들 합니다. 각자 살아가야 한다죠. 연금이 바닥날 거라는 뉴스를 볼 때면, 한강대교 북단에서 강변북로로 이어지는 진입로에서 얌체같이 끼어드는 차들을 볼 때면, 수많은 청년의 전세금을 들고 사라진 탐욕스런 이들을 볼 때면, 훈련도 안 된 청년들에게 위험한 일을 맡기고 산업재해를 당하게 하는 시스템을 볼 때면, 빈부와 고하를 막론하고 남녀노소 모두가 '각자도생'의 시대를 살아가고 있다는 것을 절감합니다.

그런가요? 이게 우리의 전부인가요? 시커먼 바다에 아이들이 잠겨가는 것을 며칠 동안 두 눈 뜨고 지켜봐야 했던 진도 앞바다의 부모들은 그 아픔을 품고 또 다른 참사의 유가족들을 위로하기 위해 노래를 부릅니다. '사지 멀쩡한' 비장애인들은 "당사자도 아닌 너희가 왜 나서느냐"는 비아냥을 견디며, 비통에 잠긴 장애인들과 뒤섞여 온몸에 멍이 들어가며 장애인들의 권리를 외칩니다. 의인이라 불리는 이들은 자기도 죽을 수 있는 사람이면서 다른 사람 하나 살리겠다고 강에, 바다에, 열차 선로에 뛰어듭니다. 우리는 이런 행동들을 다 설명할 수는 없습니다. 그저 이해할 수 있을 뿐입니다. 최소한 우리 마음속에 이들의 마음과 닮은 편린이 있을 때 이해할 수 있습니다.

ᗺᖇ

이 책은 우리 안의 이타적 마음에 대한 책입니다. 개인의 삶이 도대체 사람들과 어떻게 연결될 수 있는지, 어디서 나아갈 수 있는지, 어디서 멈추게 되는지 질문하고 답을 구해나가는 **경계에 선 이들**의 이야기입니다. 이런저런 경계들, 오래된 것들에도 공감하고 새로운 것들에도 공감하는, 아니 무지개

다리처럼 보수와 진보를 잇는 더 멋진 삶이 있을 것이라 믿는 경계인. 순수할 수 없는 학문의 순수성을 지향하면서 활동가들의 투쟁도 이해해보려는 경계인. 지나치게 가까운 거리를 감당할 수 없음에 끊임없이 환대의 거리를 모색해가는 경계인. 이기주의와 이타주의의 구분이 모호하거나, 이런 구분을 생각할 필요가 없는 삶의 자리를 찾아다니는 경계인의 이야기입니다.

경계란 참으로 흥미로운 곳입니다. 갯벌은 바다이면서 육지입니다. 특히 방파제는 제게 늘 영감의 원천이었습니다. 방파제는 바다의 일부인가요, 육지의 일부인가요? 방파제는 육지에 사는 사람들이 파도의 침범을 막기 위해 만들었다는 점에서 태생적으로는 육지에 속합니다. 하지만 그 목적을 위해 육지에서 어색하게 삐죽이 나와 바다에 잇닿아 있다는 점, 보호의 대상이 바다를 필요로 하는 어촌 사람들과 어선이라는 점, 육지 생물들이 아니라 바다 생물들의 서식지라는 점, 민물이 아니라 바닷물에 절어 있다는 점에서 방파제는 바다의 일부입니다. 방파제는 바다의 일부이면서 육지를 섬깁니다. 자신은 바다에 근거하면서 육지의 삶들을 챙깁니다. 동시에 바다의 삶들도 보살핍니다. 여러분, 방파제는 어디에 속한 것일까요? 아니, 이 질문에 답하는 것이 그렇게 중요할까요?

이 책에서 저는 홍해를 가르는 답을 던지기보다는 여러분과 함께 장화를 신고 작은 삽을 들고 우리 마음의 갯벌, 그 모호한 영역을 탐색해보고자 합니다. 이타심을 강요하지 않습니다. 강요받는 순간, 칼이 닿아 갈변하는 사과처럼 이타심은 짜증으로 변할 것입니다. 더욱이 이 책에서 계속 살펴보겠지만 이타심은 강요하기에는 너무 복잡한 마음입니다. 이 책은 그 복잡함에 대한 책입니다.

이 책은 관계에 대한 책이기도 합니다. 관계에는 최소한 '너'가 있고 '나'가 있습니다. 그래서 이 책은 '너'에 대한 책이자 '나'에 대한 책입니다. 우리는 스스로를 안다고 생각하지만 사실은 그렇게 잘 아는 것이 아닐지도 모릅니다. '너'에 대해서는 더더욱 잘 모를 터입니다. 그래서 이 책은 결국 '나'에서 출발하는 '너'에 대한 책입니다. 타인에 대한 소고이자 타인에 대해 생각하는 나 자신에 대한 소고입니다.

타인은 많은 얼굴을 지니고 있습니다. 어떤 타인은, 한 타인의 어떤 순간은 뭉크의 〈절규〉처럼 두려움에 사로잡힌 얼굴을 하고 있습니다. 다른 경우엔 친절한 얼굴을, 무심한 얼굴을, 심지어 무서운 얼굴을 하고 있습니다. 자연이라는 타자도 마찬가지입니다. 자연도 인간 앞에서 친절하고, 무심하고, 위협적입니다.

타인은 복잡합니다. 우리가 채 다 이해할 수 없습니다. 설령 우리가 타인을 잘 이해하고 있다고 하더라도, 우리는 맹목적인 부모가 자녀의 '좋은 삶'에 대해 도달해 있는 듯한 그런 확신에 결코 도달하지 못합니다. 타인은 그저 하얀 눈밭에서 굴릴수록 커지는 눈사람처럼 우리 안에서 스스로 자라나는 존재입니다. 우리 안의 타인은 실제 타인을 닮았겠지만, 마치 분재처럼 작고 예민한 존재입니다. 영화 〈흐르는 강물처럼〉에는 이런 대사가 나옵니다. "우리는 누군가를 온전히 이해할 수는 없지만 온전히 사랑할 수는 있다." 아니, 우리는 타인을 온전히 사랑할 수조차 없습니다. 우리는 타인에게 나아가지만 누구나 어디선가 멈춥니다.

이 책은 이타심을 칭송하거나 이타적인 행위로 가득한 세계의 설계도를 제시하는 모델하우스가 아닙니다. 이 책에는 빗질하지 않은 머리칼 같은 사색들을 담았습니다. 1장과 2장에서는 타인이 자리하고 있는 우리의 마음과 태도에 대한 이야기로 시작합니다. 3장과 4장에서는 첫 번째 타인인 가족, 그리고 끝없이 거리를 가늠해야 하는 타인인 동료 시민과 자연으로 나아가봅니다. 5장과 6장에서는 우리 모두의 동일한 경험이자 타인을 이해할 실마리로서 쇠락과 죽음으로부터 이야기를 끌어내봅니다. 이 모든 주제는 나와 타인 사이에 놓인 그 이기심과 이타심의 갯벌을 탐험한 기록이자 탐험 중에 발견한 고민들입니다. 새로 쓰기도 했고, 이미 쓴 글에 살을 붙이고 다듬어서 다시 쓰기도 했습니다. 어떤 글은 대화이고,

어떤 글은 독백입니다. 마지막 장은 고백입니다.

답도 없고 가능성만 있는, 그 가능성마저 충만한 것이 아니라 헐겁게 듬성듬성 존재할 뿐인 각자도생과 절망의 시대에 타인을 생각하는 사치를 시도해봅니다. 사치라는 표현은 진심입니다. **타인을 생각하는 존재가 가장 아름답기 때문입니다.**

갯벌을 탐험하며 젖기도 하고 발이 푹 빠지기도 하고 울기도 하고 웃기도 했습니다. 그런데도 아직 갯벌을 잘 모르겠습니다. 여러분에게도 자기만의 갯벌이 있겠지요. 저의 갯벌과 지형이 달라 큰 도움이 될지는 모르겠지만, 최소한 이 책을 통한 대화의 끝에 여러분의 갯벌이 조금은 더 눈에 잘 들어온다면, 그래서 조금은 달리 느낄 수 있다면, 기쁘겠습니다.

이제 갯벌로 가볼까요.

2025년 1월
역사의 교차로에서

1장

타인들

너와 나

이타심에 대해 말할 때면 자주 소환되는 일화가 있습니다. 마하트마 간디가 기차를 타다가 그만 한쪽 신발이 벗겨져 밖으로 떨어졌습니다. 그러자 기차 안에서 나머지 한쪽 신발을 창밖으로 던졌습니다. 옆에 있던 사람이 그 이유를 물었습니다. 간디가 대략 이런 취지로 대답했다고 합니다. "한쪽 신발을 잃어버렸기 때문에 이 신발은 어차피 저에게 쓸모가 없습니다. 저 신발을 주운 사람에게도 한쪽만 있으면 쓸모가 없습니다. 제가 이 신발을 던지면 최소한 주운 사람은 제대로 된 신발을 신을 수 있겠지요."

진위 여부는 알기 어려운 이 일화에 꼭 따라오는 질문이 있습니다. 간디는 이타적인 행동을 한 것일까요? 간디는 이타적인 사람일까요? 어떤 이는 즉각 말합니다. 그렇다고. 자신이 아닌 누군가를 생각하는 마음이 이타심이 아니면 무엇이겠냐고. 어떤 이는 똘똘한 어조로 말합니다. 아니라고. 간디는 어차피 자기에게 필요가 없어졌기 때문에 신발을 던져버린 거라고. 게다가 사람들이 보는 앞에서 그런 행동을 함으로써 자신의 명성을 드높일 수 있을 거라 계산했을 수 있다고. 결국 간디는 이기적인 동기에서 그렇게 행동한 거라고. 신발 한 켤레로 두고두고 인구에 회자되는 이야기의 주인공이 되었으니 간디는 똘똘한 이기주의자인 셈입니다.

여러분의 생각은 어떤가요? 실보다 득이 많은 행동을 선택했으니 간디는 이기적인 사람이라고 해야 하나요? 질문을 넓혀봅시다. 이기적인 사람은 이타적일 수 없는 걸까요? 반대로, 이타적인 사람은 이기적이지 않은 걸까요? 이기적이면서 이타적인 행동은 무엇이라고 불러야 할까요? 시작부터 좀 어려운 이야기일 수 있지만 이 문제를 한번 정리하고 가봅시다. 원래 첫걸음이 가장 어렵지요.

마이클 샌델Michael J. Sandel의 《정의란 무엇인가》에 정의justice의 정의definition가 명확히 안 나와 답답해하는 분들을 많이 보았습니다. 그런 일을 방지하기 위해서 저는 이타심을 '나의 행복과 다른 사람의 행복이 겹치는 영역을 알아채고 신경 쓰는 마음'으로 정의하고자 합니다. 이렇게 정의하고 보니 이타심의 정의부터 제시하는 마음이 바로 이타심이네요.

이타심에 대해 비판하는 사람들은 이타심에 의한 행동도 결국 개인을 위한 것, 자신의 보람과 기쁨을 위한 것이 아니냐고 반문합니다. 네, 맞습니다. 거액의 기부를 한 연예인들이 뉴스에 나오고 그 명성으로 더 거액의 광고를 따내는 걸 보고 있자면 이 말이 맞는 것도 같습니다. 꼭 그렇지는 않더라도 자발적으로 다른 사람을 위해 무언가를 행하는 사람은 그 보답으로 마음에 기쁨을 얻게 됩니다. 그것마저 이기심이라고 하면 목숨을 버리는 행위도 이기적인 행위입니다. 우리는 다 이기적인 거죠. 와우! 세상을 설명했어요.

반면 이타심을 나의 행복과 다른 사람의 행복이 겹치는 영역을 알아채고 신경 쓰는, 즉 '타인을 생각하는 마음'이라고 정의하면 이제 우리는 뒤죽박죽 갯벌로 들어가게 됩니다.

일반적인 의미의 이기심은 나의 행복 가운데 다른 사람의 행복과 겹치는 영역이 아닌, 나의 영역에만 집중하는 마음입니다. 사생활의 영역이라 하겠습니다. 그런데 때로는 겹치지 않는다는 것이 다른 사람과 관계가 없다는 의미가 아니라, 다른 사람의 행복과 대립한다는 의미일 수도 있습니다. 이때 그 둘이 만나면 이기심은 부정적인 모습이 됩니다. 나의 경우와 똑같이 다른 사람에게도 그런 물러설 수 없는 이기심의 영역이 있을 테니까요.

저는 베토벤을, 여러분은 BTS를 좋아할 수 있습니다. 각자 집에서 자기가 좋아하는 음악을 들을 때, 그건 이기적이기는 하지만 무해한 이기심입니다. 그저 자신에게 충실한 거죠. 다만 여러분과 제가 우연히 텅 빈 음악 카페에서 마주쳤다면 이야기는 달라집니다. 특정한 순간에 그 공간을 채울 수 있는 음악은 베토벤 아니면 BTS 중 하나뿐입니다. 만일 제가 여러분에게 어떤 무서움(?)을 느꼈다면, 저는 '그래 이참에 BTS나 들어볼까?'라고 생각하며 '정신 승리'를 추구할지도 모르겠습니다. 하지만 제 마음속에서 '그래, 베토벤은 집에서 들어도 되는걸. 이참에 저분을 통해 BTS의 노래들을 좀 알아볼까?'라고 진심으로 생각해보는 상황은 어떨까요?

여기서 이타심은 두 가지로 구성됩니다. 우선 둘이 공존할 수 있는 영역을 인식하는 **감수성**입니다. 베토벤을 감상할 수 없는 시간이 아니라 BTS를 감상할 시간이라고 생각할 수 있는 능력입니다. 게다가 여러분이 BTS의 팬클럽 '아미'의 한 사람이라면, 아마 BTS 최고의 곡들을 선별해서 신청하겠죠? 어쩌면 여러분도 저를 신경 쓰면서 가장 대중적인 BTS의 노래 위주로 신청할지도 모르겠습니다. 이런 것을 기대하는 능력, 즉 나의 마음만큼 상대방의 마음을 신뢰할 수 있는 능력이 이타심을 구성합니다.

둘째는 그 겹치는 영역을 넓혀가는 노력입니다. 이는 좀 더 진한 이타심, 호사가들이 좋아하는 표현으로 '순수한' 이 타심보다 복잡합니다. 개념이란 모름지기 명확해야 한다고 여기는 분이라면, 진한 이타심을 '나의 행복과 겹치지 않는 타인만의 행복을 추구하는 마음'으로 정의하고 싶은 분도 있 을 듯합니다. 즉, 어떤 행동으로부터 득을 얻는 사람이 오로 지 타인일 때만 진정한 이타적 행동이라는 거죠. 좋습니다. 다만 저는 왠지 BTS를 들으면서도 행복할 것 같긴 합니다. 설 령 대중적인 곡들이 아니더라도 말이죠.

진한 이타심은 발현되기 쉽지 않습니다. 사람이 착하고 아니고의 문제를 넘어서기 때문입니다. 우선 나의 행복과 겹 치지 않는 타인만의 행복 영역을 잘 알기가 어렵습니다. 내가 이해할 수 있는 여지가 많지 않은 것입니다. 말이 쉬워 BTS지, 여러분은 사랑에 빠진 것이고 그 마음을 표현해주는 음악으 로서 BTS를 좋아하는 것인지도 모릅니다. 그렇다면 제가 추 천하는 베토벤의 〈엘리제를 위하여〉를 들으며 눈물을 흘릴 지도 모릅니다. 문제는 제가 그걸 미리 다 알 수 없다는 거죠. 자기가 잘 모르는 일을 선뜻 행하기는, 그리고 잘하기는 어려 운 일이겠지요?

만일 모두가 이타심이 넘쳐 나서 타인만의 행복을 추구하 거나, 모든 타인이 또 다른 타인의 행복만을 추구한다면 우 리는 각자 먹으면 될 밥을 그저 서로의 입에 떠먹이는 수고를 하는 셈이 될 것입니다. 그렇게까지 할 필요가 없습니다. 이런 행동을 하는 배경에는 '너에게 뭐가 가장 도움이 되는지는 내가 잘 알고 있어'라는 심리가 있습니다. 존 스튜어트 밀 같은 고전적 자유주의자들은 이런 심리의 위험성을 고발합니다. 타인의 영역을 함부로 짐작하고 침입하는 행동으로 이타적인 **마음**은 인정받을지 몰라도 이타적인 **결과**는 보장할 수 없습니다.

이타심의 출발이 타인에 대한 인식과 이해라고 할 때, 그것은 **궁금함**의 모습을 띱니다. 호기심과는 다릅니다. 미국의 작가 에릭 와이너Eric Weiner는 《소크라테스 익스프레스》에서 궁금함과 호기심을 구분합니다.

> 궁금해하는 것은 호기심과 달리 본인과 매우 밀접하게 엮여 있다. 우리는 냉철한 호기심을 가질 수 있다. 냉철하게 질문을 던질 수 있다. 하지만 냉철하게 궁금해할 순 없다. 궁금해하는 마음은 (…) 오래도록 머문다.

타인과의 관계에서 호기심은 잘못 들어선 고속도로와 같습니다. 궁금함이 이타심입니다. 나만 있는 세계에 다른 존재들을 도구가 아니라 또다른 주인공으로 등장시키는 것입니다. 이타심은 세계에 대한 가장 익숙한 지식을 제공해주는 원천인 '나'를 넘어 **내가 놓여 있는 맥락을 이해하는 능력**입니다. 무대에서 조연이 지나치게 열연하다가 공연의 균형을 무너뜨릴 수 있는 것처럼, 이 세계를 나를 중심으로만 이해하는 것이 아니라 나를 잠시 비껴놓았을 때 이 세계가 어떻게 보일지 의식적으로든 무의식적으로든 짚어볼 수 있는 능력입니다. 이후 나 자신을 중심으로 행동할 것인지 타인을 고려하여 행동할 것인지는 자신의 선택입니다.

그래서 이타심은 공부를 통해 길러집니다. 이타심은 타고난 마음으로만 영글지 않습니다. 이타심은 타인을 **기어코** 이해하고자 하는 의지입니다. '인지상정'이 있지 않냐고 반문하실지 모르겠습니다. '오지랖'이라는 말도 있죠. 이해 없는 본능적, 즉각적 이타심을 장애인들은 '시혜와 동정'이라고 부릅니다. 어떤 이는 "나를 위한다고 말하지 마"라고 외치기도 했습니다.[*] 타인을 동등한 존재로 여기지 않는 태도가 그 타인에게 얼마나 모멸적으로 느껴질지를 생각하지 못하기 때문에 이해 없는 이타심은 위험합니다. 의도가 어떻든 결과가 나오지 않습니다. 이해 없는 이타심은 그 행동이 향하는 타인이 아니라, 그런 행동을 바라보며 존경을 보낼 준비가 되어 있는 이들을 목표로 하는 것인지도 모릅니다. 혹은 그야말로

[*] 고병권 외 9인, 《나를 위한다고 말하지 마》, 삶창, 2013.

자기만족일 수도 있고요. 이타적일 수 있는 그 여유를 즐기는 것입니다. 수전 손택Susan Sontag은 《타인의 고통》에서 이렇게 말했습니다.

> 고통받고 있는 사람들에게 연민을 느끼는 한, 우리는 우리 자신이 그런 고통을 가져온 원인에 연루되어 있지는 않다고 느끼는 것이다. 우리가 보여주는 연민은 우리의 무능력함뿐만 아니라 우리의 무고함도 증명해주는 셈이다. 따라서 (우리의 선한 의도에도 불구하고) 연민은 어느 정도 뻔뻔한(그렇지 않다면 부적절한) 반응일지도 모른다.

어느 날 어머니께서 저의 옛날 이야기를 해주셨습니다. "너는 어렸을 때 지나가다 장애인을 보면 신경을 많이 썼지. 어느 날은 고기를 먹고 밖에 나왔는데 장애인이 있는 걸 보고 혼자 그렇게 울었지. 뭔 세상 고민은 혼자 다 하고 그랬지." 어이구, 이렇게 비단결 같은 마음씨를 어릴 때부터 가지고 있던 저는 커서 어떤 사람이 되었을까요? 고작 지금의 저입니다. 그 당시의 저에게는 (비록 그것이 본능적인 어떤 것이었을지라도) 그저 이해가 결여된 연민이 있을 따름이었겠지요. 그때 흘린 눈물이 씨앗처럼 저절로 나무가 되지는 않았습니다. 이타적인 삶에는 다른 무언가가 더 필요했습니다.

이타심과 이기심이 뒤섞여 있을 때, 이타심에는 하나의 결정적인 한계가 그늘을 드리웁니다. 바로 모든 존재에게 동등하게 이타적일 수 없다는 사실입니다. 최소한 두 가지 이유가 있습니다. 하나는 사람들의 필요가 저마다 다르기 때문입니다. 장애인들을 향한 이타심만으로는 캠퍼스에 휠체어 이용자를 위한 경사로를 먼저 설치해야 할지, 문자 및 수어 통역을 강화해야 할지, 이런 양자택일을 고민하지 않도록 예산을 증액하라고 주장해야 할지 판단하기 어렵습니다. 다른 하나는 이타심이 결국 '나'에서 출발하는 마음이라면, '나'를 중심으로 하는 집단의 한계가 이 사회의 이타성의 한계가 될 것이기 때문입니다.

좀 더 생각해봅시다. 우리는 평생 지구상 모든 사람을 만날 수 없습니다. 제가 아무리 이타적인 마음을 기른다 해도 제 친구를 대하는 마음과 저 멀리 시리아 난민들을 대하는 마음이 같을 수가 없습니다. 마음의 거리도, 이해할 수 있는 정도도 다른 것입니다. 이걸 인정하는 일은 어려운 일입니다. 이타심이란 결국 이기심의 동심원을 넓히는 것에 불과하다는 절망감에 휩싸일지도 모릅니다. 처음부터 '나'가 아니라 '우리'에서 시작하지 않으면, 이타심 역시 '확장된 나'에 불과한 이기심일 뿐인 것은 아닌지 의심을 떨쳐내기 어렵습니다.

하지만 '우리'에서 시작해야 한다고 주장하는 사람들을

가만히 살펴봅시다. 그들은 구체적인 누구에서 출발하고 있는 것으로 보이나요? 혹시 '우리'를 주장함으로써 가장 이득을 얻는 존재가 그 주장을 하는 바로 그 사람 아닌가요? 만일 이런 의심이 증거와 만나면 우리는 그 속임수를 알아차릴 수 있습니다. 이런 증거를 만나지 않기란 거의 불가능합니다. 역사는 나라와 백성을 구하겠다면서 자기 가족의 배를 불린 이들의 기록으로 가득합니다. 더구나 추상적 '우리'에서 시작하면 구체적 '나'는 어디에 있을까요?

'나'로부터 시작해도 됩니다. 아니, '나'로부터 시작해야 합니다. 그럴 수밖에 없습니다. 이기적으로 보이고 한계가 뚜렷할지라도, 철학자들이 자아라는 존재를 갈가리 찢어놓았더라도, 어쨌든 그나마 내가 알고 있는 존재는 '나'인 것입니다. 너무 걱정하지 맙시다. 어차피 내 안에는 '나'만 있는 것이 아니라 '우리'의 조각들이 있습니다. 누군가의 행동이란 마음을 지배하는 많은 존재들 사이의 기나긴 내전 끝에 맺은 휴전협정을 이행하는 것과 같습니다.

'우리'가 아닌 '나'에서 출발할 때 타인 역시 고령토 반죽이 아니라 하나하나의 도자기로 다가옵니다. 종종 질문을 받습니다. "왜 장애인 운동에 관심을 가지게 되었어요?" 이런 질문을 받을 만큼 한 일도 없지만 특별한 대의 같은 것도 없었습니다. 계기라면 그저 저의 몸이 쇠락해가는 과정을 인식

한 것입니다. 감각도 무뎌지고, 무릎도 불편하고, 마음도 부서지고…. 아버지는 돌아가시기 전 얼마 동안 걸을 수도, 들을 수도 없었습니다. 호흡도 어려웠습니다. 아버지의 장례를 치르고 돌아온 날, 거실에 남아 있던 휠체어와 산소호흡기를 보고 비로소 깨달았습니다. 아, 아버지도 장애인이셨구나.

누구도 세상 모든 이를 구원할 수는 없습니다. 우리의 시간과 땀으로 노력을 기울이는 일은 결국 **선택**하는 일입니다. 그 선택은 의지적 행위일 수도 있고, 삶의 섭리일 수도 있고, 우리의 의지 자체가 섭리일 따름일 수도 있고, 섭리가 우리의 의지로 변화되었을 수도 있습니다. 어느 경우가 맞는지는 중요하지 않습니다. 우리 앞에 서 있는, 이제 나에게 의미 있는 존재가 되어버린 그 타인이 중요합니다. 내게 다가온 그가 중요합니다.

여기서 우리는 한 번 더 생각을 확장해볼 수 있습니다. 어느 날 문득 다가온 사람이 반드시 오래전부터 소중했던 사람만큼 중요할 수는 없겠지요. 그렇다고 우리가 소중한 사람에게만 시간과 마음을 쏟으며 살지는 않습니다. 우리는 대부분 내게 다가온 사람에게도 마음을 기울이게 되고, 그 관계에 (기꺼이) 책임을 지게도 됩니다. 그런 삶이 나쁘지는 않습니다. 소중한 사람들끼리만 모인다면 우리는 곧 '닫혀 있는 우리'를 수없이 만들어낼 것이기 때문입니다. 그런 사회야말로 이기심의 동심원들이 일본의 전통 정원에 그려진 기하학적 무늬(가레산스이枯山水 양식)처럼 그려져 있는 사회일 것입니다.

소중한 사람을 지향하는 마음도 이타심을 구성합니다. 하지만 '닫혀 있는 우리'라는 함정을 빠져나가기 쉽지 않습니다. 내게 소중한 사람이 아니라 내게 다가온 사람과 더불어 살아가는 삶도 다정한 세계를 위해 나쁘지 않습니다. 그런 세계라면 분명 내게 소중한 사람이 (내가 아니라도) 누군가에게는 다가온 사람이 될 가능성이 클 것입니다. 좁고 촘촘하게 연결된 관계망의 일부를 끊고, 다른 일부와 이어져보는 무작위. '나'의 동심원에 균열을 내고 '너'로의 지름길을 만들어내는 일. 의지라고 불러도 되고, 그 타인을 좋아하게까지 된다면 그것은 운명이라고 불러도 될 것 같습니다.

타인을 향한 감정

우리는 감정을 내 안에서만 일어나는 무언가로 생각하는 경향이 있습니다. 그런데 곰곰이 생각해보면 꼭 그렇지도 않습니다. 야구든 축구든 화면으로 보는 것보다 직접 경기장에 가서 보는 것이 훨씬 재미있지요. 경기장의 탁 트인 공간과 선수들의 실감 나는 움직임 때문이기도 하겠지만, 역시옆에서 함께 울고 웃고 소리 지르는 관객들이 있기 때문입니다. 동일한 자극에 반응하여 나만이 아니라 함께 터져나오는감정은 마치 우리가 모두 하나로 이어져 있는 듯한 황홀경을불러일으킵니다. 수만 명이 운집한 정치 집회에서 거대한 스피커를 통해 뿜어져 나오는 연사의 '사자후'에 열광하는 사람들을 보며 군중이니 정동affect이니 이름을 붙이는 일도 마찬가지입니다. 가장 진실된 순간은 뭐니 뭐니 해도 사랑하는 사람과 얼굴을 마주 보며 웃는 순간일 것입니다. 우리는 서로의 손만 잡는 것이 아니라 서로의 감정을 감지함으로써 가수 성시경의 노래처럼 "두 사람 하나의 그림자"*가 됩니다.

〈기쁨에게〉라는 곡이 있습니다. 이해인 수녀의 시에 이범준 작곡가가 가락을 입힌 곡입니다. 노래는 이런 가사로 시작합니다.

기쁨아 너는
맑게 흘러왔다 맑게 흘러가는
물의 모임이구나 (…)
조금씩 모습을 바꾸며 흘러오는 너를
그때마다 느낌으로 안다

〈기쁨에게〉를 노래하는 기쁨은 내 안에 흘러들었다가 또 흘러나갑니다. 그리고 그 기쁨은 모여서 모양을 바꾸어 계속 다른 사람들에게 흘러듭니다. 나로부터 다른 사람들에게 흘러드는 기쁨에는 이미 나의 색깔도 녹아 있겠지요. 그렇게 우리는 연결됩니다.

---

* 윤영준 작사·작곡, 성시경 노래, 〈두 사람〉, 2005. KOMCA 승인필.

뇌뿐만 아니라 몸을 지닌 우리는 감정을 매개로 연결되어 있습니다. 감정이라는 끈에는 기쁨만이 아니라 슬픔, 미움, 경외심, 사랑, 두려움도 있습니다. 어떤 끈들로 묶여 있느냐에 따라 우리가 맺는 관계의 모습도 달라집니다.

타인이 불러일으키는 감정들을 생각해봅니다. 어떤 이들은 우리보다 우월하거나 열등하다는 감정을 불러일으킵니다. 특히 한국처럼 경쟁이 심하고 위계적인 문화가 강하게 깔린 사회에서 일상적으로 씨름하는 감각입니다. 타인에게 우리가 느끼는 이런 우열의 감정에는 무엇이 있을까요. 경외심, 경쟁심, 질투심, 지배욕 등이 있을 것입니다. 경외심으로 갈수록 상대를 존중하고 나를 낮추는 행동을 낳습니다. 지배욕으로 갈수록 상대를 파괴하고 나 자신을 높이는 행동을 낳겠지요.

경외심은 그 자체로 아름다운 마음입니다. 내가 아닌 어떤 존재를 내 위에 두는 마음이라니! 하지만 역시 나의 주인공은 나 자신이죠. 경외심은 약간의 열기에도 쉽게 녹아버리는 밀랍과 같습니다. 소설가 김혜진은 《딸에 대하여》에서 존경받는 사회사업가였다가 나이를 먹고 요양병원의 알츠하이머병 환자가 된 '젠'을 인터뷰하러 온 청년 방송작가의 성급

한 태세 전환을 이렇게 묘사합니다.

청년이 목소리를 키운다. 존경심과 경외심 같은 것들이 빠져나간 자리에 짜증과 답답한 기색이 차오르는 게 느껴진다.

경외심과 지배욕의 중간에 있는 경쟁심은 비록 상대보다 낫고 싶지만, 어쨌든 결과를 알 수 없는 상황에서 상대를 존중하는 마음이라고 하겠습니다. 이런 경우 테니스 스타 노박 조코비치Novak Djokovic와 라파엘 나달Rafael Nadal처럼 경기가 끝나고 나면 서로 끌어안고 축하를 건네기도 합니다. 그리고 경쟁을 통해 성장한(물론 성장의 동력이 경쟁만은 아니죠) 자기 자신에게 자긍심을 느끼기도 합니다. 경쟁은 때론 피곤한 일이지만 경쟁심 자체에는 미덕이 있습니다.

질투심은 경쟁심과 비슷하면서 결이 다른 마음입니다. 질투는 참 이상한 감정입니다. 질투에는 도무지 기쁨이라고는 없습니다. 그저 자기 자신을 파괴할 뿐이지요. 누군가에게 질투를 느낄 때 그 사람은 알고 있습니다. 자기가 그를 이길 수 없다는 걸, 그가 가진 덕성을 자신은 결코 가지지 못할 걸. 질투의 기저에 있는 이런 패배감을 가지고 그를 위해 이타적으로 행동하기는 참으로 어려울 것입니다. 가지지 못하면 파괴하는 것일까요? 질투와 권력이 결합하면 이제 지배욕이 됩니다. 무엇을 위한 것인지 알 수 없는 감정이지요.

상대와 나의 위상을 가늠하는 이런 감정들의 반대편에는 어찌 보면 더 무서운 감정이 도사리고 있습니다. 바로 상대의 존재에 신경을 쓰지 않는 **무심함**입니다. 그의 존재가 나에게 아무런 감흥을 불러일으키지 않는 것입니다. 이기심에는 타인과 나, 두 가지 선택지가 있기에 어쨌든 타인이 존재합니다. 무심함에는 처음부터 타인이 없습니다.

어떤 무심함은 영화나 소설에 나오는 귀족의 교만을 닮았습니다. 휘황찬란한 옷을 입고 발코니에서 군중들을 내려다보는 귀족들. '제발 이런 장면에서는 표정 연기를 너무 잘할 필요는 없다'고 생각하게 만드는 그 무심한 표정은 모종의 초조함이 뒤섞인 짜증이나 경멸의 표정보다 무섭습니다. 수많은 신화에서 신조차 인간들에게 관심이 있는데, 이런 무심함은 인간이 인간에게 가질 감정은 아닙니다. 우리 안에 있는 괴물의 마음입니다.

어떤 무심함은 단순히 무지로 인한 마음입니다. 존재를 알았다면 무심하지 않았을 테지만 존재를 몰랐기에 무심합니다. 시리아 난민 사태가 한참 심각해질 무렵에도 국제사회는 이에 대해 좀 무심했습니다. 그러다가 2015년 어느 날 조간신문에 세 살 아이 알란 쿠르디Ailan Kurdi가 튀르키예 해변가에서 모래에 얼굴을 묻은 채 사망한 사진이 보도되었을 때, 비로소 무지로 인한 무심함이 잠시 사라졌습니다.

다른 무심함은 여유가 없어 생기는 마음입니다. "내 코가 석 자"라는 말에서 보듯이 유심하기에는 마음이 너무 분주합니다. "시간은 나는 게 아니라 내는 것"이라는 말이 있지요. 오늘날 우리가 다른 이들의 삶에 무심한 이유는 우리에게 정말 마음이 없어서가 아니라 단지 너무 바쁘기 때문일지도 모릅니다.

반면 타인에 대한 가장 적극적인 행동을 이끌어내는 감정은 사랑과 증오일 것입니다. 사랑은 참으로 복잡하고 위험한 감정입니다. 사랑은 우리 마음속에서 한번 일면 우리가 통제할 수 없는 감정입니다. 사랑 안에는 그를 더 알고 싶다는 호기심, 그와 함께 더 있고 싶다는 욕망, 그가 잘되기를 바라는 소망, 그에게 내가 최고이기를 원하는 질투심, 이제는 그를 소유하고 싶다는 지배욕이 차례로 모습을 드러냅니다. 끝자락에는 이 모든 것이 뜻대로 되지 않는다면 차라리 그를 파괴하겠다는 이란성 쌍둥이, 증오가 등장하기도 합니다. 증오는 사랑과 너무 닮아서 사랑했던 만큼 미워하게 됩니다. 젊은 날의 연인, 존경했던 리더, 믿었던 동료, 아꼈던 후배, 충성했던 조직…. 증오는 이제 그와 나 사이의 모든 다리를 불태워버리는 파괴적 감정이 됩니다.

여기서 이타심은 사랑과 동의어가 아닙니다. 최소한 그런 사랑은 아닙니다. 사랑 안에 깊이 자리하고 있는 **하나 되기**의 욕망을 제어하고 그것을 **거리 두기**로 바꾸어낼 때, 타인을 지향하는 마음은 비로소 서로에게 작열하는 불길이 아니라 따스한 햇살이 될 수 있습니다.

이 생각을 할 때면 가슴이 저립니다. 사랑하는 존재와 거리를 두어야 사랑이 완성된다니 참 슬프지요. 하지만 우리는 인간입니다. 거리가 필요합니다. 세계와 우리를 이으면서도 이 둘을 구분해주는 피부가 있듯이 우리 마음에도 피부 같은 것이 있는 듯합니다.

작가 홍은전은《그냥, 사람》에서 사람과 사람 사이의 거리가 만들어낸 공간을 이렇게 노래합니다.

악의적 왜곡이나 게으른 편견 같은 세상의 소음으로부터 완벽하게 차단된 두 사람 사이의 공간. 당신의 긴 이야기를 함부로 요약하지 않을 것이며, 맥락을 삭제한 채 인용하지도 않을 것이라는 믿음의 공간. 그 절대적 안전함 위에서 두 사람이 만들어내는 떨림, 머뭇거림, 한숨, 침묵, '말할 수 없음'의 긴장이 만들어내는 가늠할 수 없는 깊이.

이 거리. 여기까지가 이타심입니다.

아픔이 아픔에게

저에겐 만성 두통이 있습니다. 과로한 날이면 '내일 찾아오겠구나'라고 예상하는 날도 있습니다만, 고약하게도 갑작스레 찾아올 때가 많습니다. 두통이 있는 날 밖에 있으면 햇살이 화살이 되어 머리에 내리박히는 기분이 듭니다. 두통만이 아니라 전신의 근육과 뼈대, 허파와 혈관이 삐걱거리는 느낌이 드는 날에는 느려진 컴퓨터처럼 나의 몸도 '생체 기계'로서는 낡아간다는 것을 이제는 압니다. 방 안의 공기가 쌀쌀해지는 환절기, 잠에서 깰 정도로 저려오는 오른팔과 어깨를 혼자서 뒤틀 때면 오늘 밤 다시 잠들 수 없을지도 모른다는 두려움이 엄습합니다.

주변 많은 이가 아픕니다. 여러 이유가 있겠지요. 나이가 들어가는 만큼 사회관계망에도 나이가 있는 사람들의 비율이 높아졌을 테니 아픈 이들도 확률적으로 많을 수 있습니다. 혹은 건강하고 활력 넘치는 이들보다는 아무래도 자기와 유사한 이들에게 더 마음이 가다 보니 일종의 인지적 편향이 생겼을 수도 있습니다. 혹은 정말로 우리 사회가 세대와 계층의 차이를 떠나 전반적으로 더 아파진 것일 수도 있습니다. 다 조금씩 납득이 됩니다.

'몸이 안 좋다' '몸이 아프다'는 것은 무엇을 의미하는지 생각해봅니다. 통증은 겪어보지 않으면 단지 묘사만으로 이해할 수 있는 것이 아닙니다. 예전에 의사가 두통의 정도를 1에서 10 가운데 한 숫자로 표현해보라고 하는 바람에 그 자리에서 두통이 한층 심해진 것 같은 기분을 느껴보기도 했습니다. 저는 두통은 잘 알지만 생리통에 대해서는 비유 이상의 이해가 전혀 없습니다. 몸이란 마음과 달리 추상적 이해를 그리 허락하지 않는 것 같습니다.

사람이 건강할 때는 주변이나 자기의 아픔은 삶의 예외적인 소나기입니다. 그것은 소풍날에 내리는 비처럼 '하필 그날에 일어나는' 운이 없는 일일 뿐입니다. 놀랍기도 하고, 안타깝기도 하고, 오래 기억하게 될 일상의 예외인 것입니다.

일상이 된 고통은 많은 것을 달리 보게 만듭니다. 부끄럽게도 아프고 나서야 눈에 들어오는 이들이 있습니다. 아픈 이들의 아픈 날들이 많이 보입니다. 아, 나와 같구나. 우리가 속한 조직과 사회는 아픈 이들에게, 우리에게 끊임없이 노동력을 제공하라고 요구합니다. 우리는 그 기대에 부응하기가 점점 버겁다고 느낍니다. 하지만 그 기대에 부응하기 위해, 마치 아무 일도 없었다는 듯 대응하기 위해, 그렇지 않아도 아픈 몸에 영혼 한 움큼을 갈아 넣어 작동시키고서는 일이 끝나면 필사적으로 집으로 도망칩니다. 아니, 이미 집으로 돌아가는 탈것들 안에서 죽어 있습니다. 무언가 토해내어야 할 것 같은 날에는 그 탈것조차 조금이라도 빨리 탈출해야 할 수치심의 감옥이 됩니다.

두통이나 급격한 컨디션 저하 때문에 속상해하지만 그 자체로는 두렵지 않습니다. 진정 두려운 것은 꽉 찬 스케줄의 한가운데 그것들이 여우비처럼 찾아올 가능성입니다. 두려운 것은 통증 자체가 아니라 사람입니다. 이 두려움 때문에 관계가 달라집니다.

'몸이 안 좋다'는 것은 그 상태가 반드시 의학적으로 '정상을 벗어나 있다'는 의미만은 아닙니다. '안 좋은 몸'은 마치 육체의 손상이 장애가 되는 것처럼 사회적 관계로부터 구성됩니다. 즉, 몸이 안 좋은 사람이 다른 사람에게 "몸이 안 좋다"고 말하는 것은 의사의 진단 여부를 떠나서, 자기의 생리적 몸 상태를 사회적으로 소통하고 싶은 마음의 표현이라고 할 수 있습니다. 함께 무언가 계속할 수 있기를 기대하는 마음인 것입니다. 함께 걷는 속도, 함께 먹는 음식, 함께 나누는 대화, 함께하는 노동의 방식, 그리고 이런 활동을 위해 만나고 싶은 시간대의 모색 등에서 안 좋은 몸이 너와 나의 관계에 가급적 영향을 미치지 않을 방법을 고민하는 마음입니다. 세상이 친절하다면 몸이 안 좋은 것은 장애가 되지 않을 것입니다. 하지만 그것을 확신할 수가 없습니다. 아이와 함께 가기로 했던 놀이공원을 포기하고, 회식을 기다리던 동료들에게 양해를 구하고, 논문 한 편을 미래의 나에게 미루어야 합니다. 단지 활동을 줄이는 것이 아니라 가능성을 포기해갑니다.

이런 날들이 반복되면 꿈을 잃습니다. 덜거덕거리는 오래된 자동차로 전국 일주를 계획할 사람은 드문 것처럼, 아픈 몸으로 새로운 꿈을 꾸거나 풍찬노숙하는 사회운동에 참여하기는 어려워집니다. 그저 나의 일상을 안정적으로 관리하는 데에만 온통 마음이 가고, 에너지가 넘쳐서 새로운 일들을 벌이는 동료들이 왜 그러고 있냐고 물을 때면 옅은 미소를 지을 뿐입니다.

마음의 아픔은 또 다릅니다. 신체는 발열, 혈압의 고저, 찌릿함 등으로 아프다는 신호를 보내지만, 마음(혹은 정신)은 아픔을 관장하는 기관 자체가 아픈 것이라서 아무 말이 없습니다. 타인에게 아픔을 공유하기도 어렵습니다. 우리 사회는 마음의 아픔을 이야기할 수 있는 공간이 별로 없습니다. 건강검진에서 우울증 진단 항목에 전부 해맑은 답을 적었던 적이 있습니다. 선뜻 자기를 내보일 수가 없었습니다.

알베르 카뮈에 의해 유명해진 말이 있습니다. "어떤 이들은 단지 정상적(으로 보)이기 위해 엄청난 에너지를 쏟고 있음을 사람들은 모른다." 마음의 아픔에 대해 한번 인지하고 나면 사람들이 달리 보이고 비로소 그들의 행동이 이해되기 시작합니다. 하지만 그 아픔을 포착했다고 하여 옆에서 해줄 수 있는 것은 많지 않습니다. 왜 연락을 하지 않는지, 왜 같은 말을 반복하는지, 왜 그리 자주 우는지, 왜 그리 많이 먹는지, 왜 그리 오래 자는지, 왜 일이 진행되지 않는지. 마음속 질문들에 대해 아주 아주 조심스럽게 다가가 서로를 여는 수밖에 없습니다. 안타깝지만 그런 노력에서 어떤 결과를 기대하는 마음조차도 한편에 미뤄놓아야 합니다.

때로는 자신의 변화도 감내해야 합니다. 마음의 아픔을 가르쳐준, 마음이 아픈 한 친구가 저에게 "그래도 너는 행복하지 않냐"고 슬픈 목소리로 물었을 때 깨달았습니다. 언제부턴가 행복이 느껴지지 않았다는 사실을. 행복한 순간이라는 것은 알겠는데, 거기에는 행복할 법한 상황에 놓여 있는 저를 관조하고 그 자격을 검토하고 있는 제가 항상 있습니다.

행복하지 않음으로써 그들에게 위로가 되는 것이 제가 할 수 있는 전부일지 모른다는 생각에 이르면 안도와 슬픔이 동시에 밀려옵니다.

우리의 아픔, 특히 마음의 아픔은 우리가 결코 쉽게 '퉁치지' 않아야 하는, 복잡하고 미묘하고 건드리기 어렵고 자칫 폭력이 되기 쉬운 인간의 섬세한 본질입니다. 아픔을 아픔 자체로 보는 것. 그것의 원인들과 극복 방안들을 말하기 전에 그저 먼저 바라보는 것. 이 일은 생각보다 훨씬 버거운 일입니다. 타인의 예측 불가능성, 나의 혼란함, 끊임없이 솟아나는 질문들, 며칠째 내리는 비처럼 반복되는 상황의 압도적인 무게감…. 이 모든 것을 인내해야 하는 일입니다. 도무지 이해할 수 없는 그만의(나만의) 싸움에 모두 전사할 것을 알면서 분대원을 매일 조금씩 파병하는, 혹은 파병을 받는 일입니다.

아픔은 극복하는 것인 줄 알았습니다. 어느 날 아픔은 극복하는 것이 아니라 인정하는 것임을 깨닫습니다. 고통은 우리 삶의 단풍입니다. 여름날의 푸른 잎사귀들은 한꺼번에 물들거나 한꺼번에 떨어지지 않습니다. 단풍이 들어가는 나의 한계로부터 똑같이 물들어가는 타인의 한계가 보이고, 타인의 한계로부터 그 사람이 보입니다. 경쟁심도, 질투심도, 경외심도 아닌 그저 **사람**이 보입니다. 마음의 아픔을 더 이해하기 위해 행복으로 이어지는 신경을 마취하기까지 하는 것은 이제야 보게 된 그 **사람**이 너무 아름답기 때문입니다. 무엇보다 기쁜 것은 나의 아픔 역시 그들 안에서 발견되기 때문입니다. 그들 안에서 타고 있는 제 아픔의 파란 불꽃을 응시하고 있는, 그의 모습을 봅니다.

마음의 거리

'이해'란 타인 안으로 들어가 그의 내면과 만나고, 영혼을 훤히 들여다보는 일이 아니라, 타인의 몸 바깥에 선 자신의 무지를 겸손하게 인정하고, 그 차이를 통렬하게 실감해나가는 과정일지 몰랐다.*

우리가 어떤 사람, 모임, 집단에 마음이 끌리기 시작하면 서로 만나고, 이야기를 나누고, 가까워집니다. 어느 순간부터 거리 감각을 상실하고, 가까워짐은 점점 빨라지기 시작합니다. 인지상정이지요. 타인을 살피기보다는 그도 나와 같을 것

---

* 김애란, 〈기우는 봄, 우리가 본 것〉, 《눈먼 자들의 국가》, 문학동네, 2014.

48

이라 점점 쉽게 가정하게 됩니다.

실제로 우리를 끌어당기는 것은 '그 사람'이 아닌지도 모릅니다. 그 사람을 통해 발견하게 되는 초월적인 것들, 이를테면 사랑, 우애, 신념, 희생 같은 것들이 우리를 끌어당기는 것인지도 모르는 일이죠. 서로 잘 모를 때 우리는 그 사람에게서 나의 내면에 비어 있는 모자이크 조각을 발견하면 좋겠다고 생각합니다. 문학평론가 신형철은 《정확한 사랑의 실험》에서 이렇게 말했습니다.

우리가 무엇을 갖고 있는지가 중요한 것은 욕망의 세계다. 거기에서 우리는 너의 '있음'으로 나의 '없음'을 채울 수 있을 거라 믿고 격렬해지지만, 너의 '있음'이 마침내 없어지면 나는 이제는 다른 곳을 향해 떠나야 한다고 느낄 것이다.

여기서 신형철은 사람 마음의 결핍을 사람 간의 거리로 살짝 바꿉니다. 거리에는 공간의 거리와 시간의 거리가 있습니다. 공간의 거리가 어느 한 순간에 인식되는 너와 나의 거리라면, 시간의 거리는 두 순간 사이의 차이라고 하겠습니다. 격렬한 가까워짐에서 공간과 시간은 압축됩니다. 지란지교에서 공간과 시간은 느슨하면서도 농밀해집니다. 그 공간과 시간을 채우는 에너지는 서로의 '있음'과 '없음'입니다.

거리가 좁혀질수록 그 사람 역시 '한 사람'임을 알게 됩니다. 그의 '있음'을 갈망하다가 그는 열기를 잃어가는 숯불처럼 소비됩니다. 동시에 나 역시 그 사람에게 '있음'이 없어져가는 사람이 되지요. 두려운 일입니다. 진정으로 가까워진다는 것은 우리가 누군가에게 '사람'으로 존재하기를 두려워하지 않게 된다는 의미일지도 모릅니다. 미국의 작가 엘버트 허버드Elbert Hubbard가 말했다고 회자되는 인상적인 문장이 있습니다.

친구가 뭔지 알아? 너를 정말 잘 알지만, 그럼에도 불구하고 여전히 너를 사랑하는 사람이지.

술 한잔 마시며 나눌 법한 말입니다. 하지만 우리의 두려움에는 다 이유가 있지요. 지워진 거리에서 두 가지 치명적인 마음이 생기기 시작합니다. 바로 지루함과 실망입니다. 타인을 알아갈 때의 새로움은 점차 익숙함이 되고 어느 순간부터 오래 둔 바나나처럼 색이 변해갑니다. 그걸 서로 알지요. 노력하게 됩니다. 아직 더 다가갈 거리가 있기 때문에 노력하고 싶어집니다. 그러나 이미 그 노력은 너무나 인위적입니다. 더는 **내가 아닌 모습**이 나타납니다. 전에는 감출 수 있었던 모습이 드러나기도 합니다. 관계가 변곡점을 지나면, 이제 그 관계에서는 멀어짐이 쏟아내는 감정을 다루는 데에 많은 에너지를 씁니다. 당신은 실망합니다. 나의 실망으로 이어집니다. 그리고 이제는 실망할 것도 없다고 느낄 때, 다시 거리가 만들어집니다. 이것이 '만남의 생애주기'입니다. 예외는 없을 겁니다. 우리는 유한한 존재이기 때문입니다.

호기심이란 나에게 여전히 새롭게 느껴지는 존재가 주는 '즐거움에 매긴 가격'인지도 모릅니다. 새로움이 주는 기쁨이 크면 클수록 기꺼이 높은 값을 지불합니다. 새로움이 줄어들수록 지불하려는 가격도 낮아집니다. 그토록 반갑던 연락도, 목소리도, 식사도, 산책도…. 너무 비관적인 걸까요? 하지만 슬퍼하거나 냉소하기는 이릅니다. 삶은 늘 역설이잖아요. 진정한 이타심이 시작될 때가 왔습니다.

지루함과 실망을 극복할 수 있는 세 가지 길이 있습니다. 하나는 나 자신에게서 찾을 수 있고, 다른 하나는 그와 나의 바깥에서 찾을 수 있고, 마지막 하나는 시간의 거리 위에서 찾을 수 있습니다.

우선 지루함이나 실망은 그의 문제가 아니라 **나의 문제**입니다. 그는 원래부터 그였으며, 처음에는 좋은 모습만을 보여줬을 테지만 신뢰가 어느 정도 쌓인 관계에서 원래의 자신을 드러내는 것은 그의 권리입니다. 언젠가부터 되뇌면서 삽니다. "실망할 필요 없다. 실망할 이유 없다. 실망할 자격 없다."

실망은 자연스러운 감정이지만 쓸모가 별로 없고, 일부에 대한 경험으로 너무 많은 것을 판단해버리는 행동이고, 나 역시 그 심장 깨지는 사태의 일부라는 사실을 망각하는 교만한 감정일 뿐이라고 되뇝니다. 실망감이 사라질 때까지.

두 번째 길, 그와 나의 바깥에 있는 길은 바로 **함께 할 일을 하는 것**입니다. 결혼은 거리라는 관점에서 보면 참으로 위험한 선택입니다. 처음에는 거리를 없애버리고, 나중에는 알고 보니 일정한 거리를 약속하는 일이기 때문입니다. 많은 사람이 결혼생활을 유지하는 것은 함께 할 일들이 있기 때문일 것입니다. 동지로 맺어진 이들은 순간순간 생각을 달리하고 서로에게 실망하겠지만, 함께 추구해나갈 대의가 있기에 관계를 이어갈 수 있습니다. 심지어 부패한 집단들도 서로를 경멸하면서 똘똘 뭉쳐 함께 할 일들이 많습니다.

마지막 길, 시간의 축 위에서 발견하는 길은 바로 거리를 **천천히** 좁히는 것입니다. '아다지오 마 논 트로포Adagio ma non troppo'라는 음악 용어가 있습니다. 이탈리아어로 '아다지오'는 '느리게'라는 뜻이고, '마 논 트로포'는 '그러나 지나치지 않게'라는 뜻입니다. 참 어려운 말입니다. 느림의 감각도 모두 다 다를 텐데 거기에 너무 느리지는 않게 연주하라는 당부까지 붙이다니요. 저절로 "이렇게? 저렇게?"라고 다소 냉소적으로 묻게 됩니다. 그런데 명연주로 유명한 녹음본을 들어보면 또 '아, 이 속도구나!' 하며 감탄하게 됩니다. 그 연주자는 작곡자의 의도와 수많은 청중의 저마다 다른 느림을 모아 최선의 느림을, 그러나 그리 느리지는 않은 느림을 만들어냈습니다.

가끔 생각합니다. 어떤 이들은 너무 소중해서 아주 천천히 가까워지고 싶다고. 살아온 날보다 살아갈 날을 헤아려보는 게 익숙해지면서, 평생 순수하게 가까워짐을 느끼며 가까워질 수 있는 사람과 이론과 실천이 있다면 좋겠다는 바람을 품습니다. 죽을 때까지 궁금함을 품고 가까워짐만을 느끼며 관계를 이어가다가 죽을 수 있다면 행복할 것 같습니다. 아다지오 마 논 트로포. 너무 느려서 거리를 좁히기도 전에 끊어져버리는 것도 아니고, 너무 빨라서 지루함과 실망의 반환점을 돌아버리는 것도 아닌, 느리지만 너무 느리지만도 않은 속도.

관계는 결코 아무것도 남기지 않는 법이 없습니다. 반드시 무언가를 남깁니다. 그리고 고장 나서 끼익 소리를 내는 기계들처럼 마음속에서 녹슬어갑니다. 그럼에도 불구하고 우리는 관계 맺기를 포기할 수 없습니다. 관계를 포기하는 순간 우리는 인간이기를 포기하게 됩니다. 물론 사회가 존속하는 한 나 하나는 관계를 거절해도 세상은 적당히 돌아가겠지요. 하지만 관계를 통해서만 만들어질 수 있는 것들이 있습니다. 우정, 사랑, 축제, 저항, 기억, 위로…. 우리가 마음의 나라에 내는 세금으로 이루어지는 **공적인 것**들입니다.

관계 맺는 일은 두려운 일입니다. 두려움을 피하려는 마음은 자연스러운 것이기 때문에 관계가 두려울수록 관계 맺기는 그만큼 더 이타적인 행동이 됩니다. 기꺼이 관계를 맺는 이들은 마음의 나라에 세금을 많이 내며 살아가는 이들이라고 해도 과언이 아닐 것입니다. 어쩌면 세금이 아니라 복권일지도 모릅니다. 관계란 때로는 축복이니까요.

2장

태도들

배려

    스무 살 무렵이었습니다. 어느 햇볕 좋은 오후에 버스 종점인 학교 정문 앞에서 집으로 가는 버스 맨 뒷줄에 앉았습니다. 제 오른쪽에는 교복 차림의 학생 둘이 나란히 앉아 있었습니다. 근처에 있는 여고 학생들이 아닐까 짐작했습니다. 둘은 이내 책 한 권을 펼치더니 둘 사이에 놓고 읽기 시작했습니다. 당시는 스마트폰이 없던 시절이니 버스나 지하철에서 옆 사람이 읽는 책이나 신문을 곁눈질하는 것이 일상이었습니다. 저 역시 무슨 책인지 궁금해져서 슬쩍슬쩍 곁눈질하는데, 무슨 갈매기가 주인공으로 나와 온갖 철학적 대사를 내뱉는 이야기였습니다. 속으로 '뭐야' 하다가 갈매기가 내뱉는 말들에 이내 빠져들었습니다.

자기들의 속도로 책을 읽던 두 사람은 어느 순간 제가 책을 **진심으로** 훔쳐보고 있다는 걸 알아챘던 것 같습니다. 둘 사이에 놓여 있던 책은 어느새 점점 제 쪽으로 가까이 오고 있었고, 처음부터 저보다 읽는 속도가 빨랐던 둘은 어느 순간부터 저를 기다려주었습니다. 펼쳐진 양쪽을 다 읽으면 저는 고개를 반대쪽으로 살짝 돌렸고, 그들은 살며시 책장을 넘겼습니다. 또 다 읽으면 고개를 살짝 돌렸고, 그들은 살며시 책장을 넘겼습니다. 햇살은 여전히 화창했습니다.

그렇게 한 40~50분이 지났을까. 버스가 어느 정류장에 거의 도달할 무렵 그들은 창밖을 살짝 보았습니다. 이제는 내려야 한다는 몸짓이었습니다. 저는 이번에는 고개를 좀 더 돌렸고, 그들은 책을 살며시 접은 후 정류장에서 내렸습니다. 저는 잠깐 창밖으로 그들을 내려다보았고, 그들은 잠깐 올려다보았습니다.

그들이 내리는 순간 '살짝 말을 걸어볼까?'라고 생각했었습니다. 고맙다는 인사를 건네고 책 제목이라도 물어보고 싶었습니다. 혹시나 저 때문에 내려야 할 정류장을 지나친 것은 아닌지(아무래도 그랬을 것 같습니다) 조금 민망하기도 했습니다. 그날 이후로도 한동안은 오후에 학교 앞에서 버스를 탈 때면 혹시나 그들이 타지는 않을지 작은 기대를 해보기도 했습니다.

아직도 그날을 기억하는 것은 그 순간에 느꼈던 우아함

이 깃든 배려와 친절이 처음 본 해돋이처럼 여전히 생생하기 때문입니다. 완전한 타인인 세 사람이 말 한 마디 없이 읽고, 기다리고, 고개를 돌리고, 책장을 넘기고, 읽고, 기다리고, 고개를 돌리고, 책장을 넘겼던 시간. 그 무언의 배려와 친절로 채색된 시간은 잔잔한 소설에 나올 법한 햇살 가득한 공간과 결합하여 잊히지 않는 기억이 되었고, 마음에 친절의 이데아를 각인시켰습니다. 그날 이후 제게 친절이란 바로 그렇게 행동하는 것을 의미했습니다.

저는 예의 바른 사람이 좋습니다. 예의 바른 사람은 기본적으로 상대방에 대해 많이 생각하기에 예의가 우러나올 수 있습니다. 제 기억 속 두 분의 친절은 저의 진지한 곁눈질을 눈치챘기에, 그 책에 몰입되어가는 제 마음을 책과 함께 읽어냈기에 가능했을 것입니다. 둘은 그 친절을 예의로 빚어내는 마법을 부렸습니다. 그 마법에 걸린 저는 결례를 범한다거나, 신세를 진다거나, 상대방을 불편하게 만들고 있을지 모른다는 걱정을 전혀 하지 못했습니다.

예의란 **그가 나에 대해 생각하고 있다**는 뜻입니다. 그리고 나에게 맞출 준비가 되어 있다는 뜻입니다. 사랑과 다르지요. 사랑은 이따금 예의 바르기보다는 무모합니다. 사랑은 하나가 되길 원하지만, 이상적인 예의 바름은 둘이 둘로서 공존하며 안전한 소통의 순간을 만들어내는 걸 지향합니다.

이러한 예의는 정형화된 에티켓과도 다릅니다. 자동차 문을 열어준다거나, 출입문을 대신 잡아준다거나, 지하철 안에서 기침을 할 때 입을 가리는 등 에티켓과 예의가 겹치는 영역에서는 차이가 잘 보이지 않습니다. 그러나 삶에는 '교양 있는' 사람들이 특별한 '마음 씀' 없이도 자신의 품위를 지키면서 타인과 거리를 두기 위해 발전시킨 에티켓만으로는 미처 다가갈 수 없는 사람과 사람의 접점들이 있습니다. 예의 바름은 거기서 시작됩니다. 아니, 비로소 느껴지기 시작합니다.

한 걸음 더 가보면 에티켓과 의전은 또 다릅니다. 둘 다 상대방의 편의에 대한 배려에서 나오는 것이지만, 굳이 비교하자면 의전은 권위를 향하고 에티켓은 상황을 향합니다. 에티켓은 부족하고 의전에는 익숙한 한국 문화에서 수평적 배려는 적게 발달하고, 수직적 배려는 과도하게 발달했습니다. 에티켓의 부재는 상대에 대한 경멸을 낳지만("이런 교양 없는…"), 의전의 부재는 권력의 징계를 낳습니다. 불편했던 것이 아니라 권위를 침해당한 것이기 때문입니다.

의전이 아래에서 위로 향하는 관계의 외피라면, 위에서 아래로 향하는 관계에는 배려의 부재로 나타나는 특유의 권력 감각이 있습니다. 바로 **그렇게 해도 된다**는 감각입니다.

조르조 아감벤Giorgio Agamben이 쏘아 올린 호모 사케르homo sacer

라는 개념은 '어떤 사람들은 죽여도 된다'는 공유된 감각이

사회에 있음을 고발합니다. 소설가 조세희의 《난장이가 쏘아

올린 작은 공》에 나타난 '때려도 되고 필요하다면 죽여도 된

다'는 욕망의 감각. 힘이 없어서든 찜찜해서든 직접 그렇게 하

지 않는 이들도 "그래도 싸다"라는 형태로, 그렇게 해도 된다

는 감각을 때로 공유합니다. 누군가를 때려도 되고, 모욕해

도 되고, 조롱해도 되고, 귀를 닫아도 되고, 무고해도 된다는

감각. 성실하지 않아도 되고, 참여하지 않아도 되고, 반응하

지 않아도 된다는 감각. 그의 자격을 떠나 그냥 그렇게 해도

된다는 이 감각의 원천은 권력 감각입니다. 나를 건드릴 수

없으며, 건드려도 아무 일도 일어나지 않을 것이며, 지금 보

고 또 볼 일이 없을 것이며, 아니 처음부터 저 사람은 나의 세

계에서 사물에 불과하다는 그 감각.

그 감각을 마주할 때면 우리도 우리에게 주어진 알량한

권력을 마음껏 휘둘러주고 싶어질 때가 있습니다. 당신이 그

렇게 해도 된다고 생각한 것이 얼마나 착각인지를 **나의 힘**으

로 깨닫게 해주고 싶어지는 거죠. 그러나 이것 역시 그렇게

해도 된다는 감각의 쌍둥이일 뿐입니다. 내가 그렇게 해도

되는 사람을 찾게 만들기도 하고, 자칫 나의 그렇게 할 수 없

음으로 인해 상대는 그렇게 해도 된다는 감각을 강화하게 됩니다.

3천여 년 전, 신에게 부르짖던 어떤 시인도 이 역설을 감지했나 봅니다.

하나님은, 마음이 정직한 사람과 마음이 정결한 사람에게 선을 베푸시는 분이건만, 나는 그 확신을 잃고 넘어질 뻔했구나. 그 믿음을 버리고 미끄러질 뻔했구나. 그것은, 내가 거만한 자를 시샘하고, 악인들이 누리는 평안을 부러워했기 때문이다. 그들은 죽을 때에도 고통이 없으며, 몸은 멀쩡하고 윤기까지 흐른다. 사람들이 흔히들 당하는 그런 고통이 그들에게는 없으며, 사람들이 으레 당하는 재앙도 그들에게는 아예 가까이 가지 않는다. 오만은 그들의 목걸이요, 폭력은 그들의 나들이옷이다. (…) 놀랍게도, 그들은 모두가 악인인데도 신세가 언제나 편하고, 재산은 늘어만 가는구나. 이렇다면, 내가 깨끗한 마음으로 살아온 것과 내 손으로 죄를 짓지 않고 깨끗하게 살아온 것이 허사라는 말인가? (…) 내 몸과 마음이 다 시들어가도, 하나님은 언제나 내 마음에 든든한 반석이시요, 내가 받을 몫의 전부이십니다.*

* 《새번역 성경》, 〈시편〉 73편 1~6, 12~13, 26절.

마지막 구절이 도움이 되지 않는 이들도 있겠지만, 이 세상에도 정의라는 것이 있기를 간절히 바라는 이들은 언제나 존재했었나 봅니다. 어쩌면 이렇게 절규하는 이들의 존재 자체가 신의 증거인지도 모르겠습니다.

사람과 사람 사이의 접점은 참으로 위태롭습니다. 거기서 배려를 느낀다는 것은 기적적인 일이기 때문에 경외감과 섣부른 일체감마저 불러일으킵니다. 섣부를지언정 그것이 상처가 되지는 않습니다. 그 은밀한 마음의 접점에서까지 배려할 수 있는 사람이라면 저 고대의 시인처럼 분명 먼저 상처받았던 사람이고, 먼저 상처 주지는 않을 사람일 테니까요. 다가감의 위험과 긴장, 설렘을 알고 그것을 함께 풀어가는 길을 아는 사람일 테니까요. 내디딜 걸음과 넘지 않아야 할 선을 알고 있을 테니까요. 서로 다른 생각이 주는 신선함에 기뻐하고, 우연히 생각이 겹치는 지점들에 반가워할 테니까요. 만날 때는 미소를 나누고, 헤어질 때는 함부로 기약을 나누지 않을 테니까요. 자기가 죽더라도 타인에게 무해하고자 몸부림치는 사람일 테니까요.

몇십 년이 지난 어느 아침에 그 여고 앞을 다시 지났습니다. 무슨 행사가 있는지 꽃다발을 파는 상인들이 있었고, 학생들이 모여 있었고, 오랜만에 그날이 떠올랐습니다. 그분들은 어떤 어른이 되어 있으려나. 여전히 그날과 같이 사람에 대한 친절을 간직하고 있을까. 세파가 그분들 마음에 상처를 입히지는 않았을까. 그분들도 그날에 자신들이 베풀었던 친절을 혹시 기억하고 있을까. 악몽 같은 기억들이 쌓여가는 삶이지만, 그날의 추억은 이 글을 쓰는 동안에도 가슴이 저릿하도록 따뜻하게 남아 있습니다.

합창에 대하여

합창은 사람에게 허락된 지극한 경험 중 하나입니다. 한창 감각이 살아 있을 때는 어지간한 노래는 다 시창을 할 수 있을 만큼 합창을 좋아했습니다. 노래에 몰입하다 보면 음표의 높이와 제 키가 함께 작아졌다 커졌다 하는 기분이었습니다. 삐죽하니 마른 몸으로는 도무지 풍부하고 아름다운 소리를 내기가 어려웠던 점이 아쉬웠습니다.

합창은 편안함을 선사합니다. 규모가 있어서 그저 얹혀간다는 느낌으로 불러도 충분하고, 그래야 하기도 합니다. 지휘자들은 겸손하라는 말을 자주 합니다. 무리해서 소리를 만들어내지 말라는 뜻입니다. 우스갯소리로 책임감을 가지지 말라고도 말합니다. 맞습니다. 합창은 나설 필요도 없고 나서서도 안 됩니다. 그저 내가 일부인 많은 소리, 내 기여가 느껴지면서도 옆 사람들의 소리 덕분에 내 단점들은 사라지는 소리를 좋아했습니다.

중창도 매력적입니다. 중창에는 '나'가 좀 더 도드라집니다. 독창할 능력은 부족한데 합창처럼 완전히 묻혀버리는 것은 좀 재미없던 시절, 중창은 적당한 드러남도 있고 나의 기여가 뚜렷하게 느껴지면서도 단점들은 적당히 묻히는 매력이 있었습니다. 조명을 받으며 무대에 서 있으면 아이돌 그룹이 부럽지 않습니다.

이런 식으로 말하니 약간 나르시시스트 같은 느낌도 들지만, 중창의 진정한 매력은 노래를 하는 과정에서 일어나는 상호작용입니다. 초승달 모양으로 둘러서서 서로를 바라보며 노래를 하다 보면 심장이 뛰고 미소가 번집니다. 눈이 마주친 사람을 향해 저도 모르게 손을 살짝 듭니다. 모두 압니다. 지금 소리가 잘 만들어지고 있는지, 내가 그걸 느끼고 있는지. 한창 노래하는 가운데서도 다정한, 긴장된, 때로는 아차 하는 표정들로 대화합니다. 다른 성부들의 소리가 들려올 때 저절로 내 소리를 조절해가면서, 서퍼들이 파도를 타듯이 내게 들려오는 소리에 살그머니 올라타고자 자기도 모르게 상체를 기울입니다. **노래, 몸, 마음**의 세 언어로 대화하는 시간입니다. 이따금 악보를 들고 노래하는 합창과 달리 중창은 반드시 악보를 암기해야만 소화할 수 있습니다. 덕분에 중창 무대에서는 사전에 약속된 것만큼 즉석에서 역동적으로 만들어지는 소리도 많기에 늘 긴장과 흥분이 공존합니다.

이렇게 합창과 중창을 생각하다 보면 우리의 삶도 노래와 다르지 않다는 것을 알게 됩니다. 합창은 기본적으로 개인이 희석되는 공동체의 모습을 닮았습니다. 약속된 규칙(악보)이 있고, 리더(지휘자)가 있으며, 말 그대로 겸손해야 합니다. 합창할 때는 모두가 지휘자를 바라봅니다. 좋은 결과를 내기 위해서는 개성보다 질서가 중요한 시간이지요.

그러나 개성이 어디 가나요. 합창이든 중창이든 함께 부르는 노래 속에서도 당연히 음색, 성량, 창법 등이 모두 다릅니다. 완벽하게 동시에 쉼표에서 멈추고, 동시에 도 음을 내기는 어렵습니다. 제가 좋아하는 노래 〈기쁨에게〉는 못갖춘마디로 시작하는데, 도입부에서 모두가 "(읍) 기쁨아" 하고 동시에 들어오기는 쉽지 않습니다. 피아니시모를 표현할 수 있는 개인 기량에도 차이가 있지만 어느 정도면 피아니시모인지에 대한 생각도 다릅니다. 지휘자가 절대군주인 것 같아도 그의 권위는 단원들 모두가 공연의 성공을 원하는 가운데 서로 동의한 범위, 즉 일종의 사회계약의 범위 내에서 작동할 뿐입니다. 합창단의 기획과 선곡 등에 있어서는 툭하면 상소

문을 읽어야 했던 조선의 취약한 군주가 지휘자에 가까울지도 모릅니다. 단원 한 사람 한 사람은 연주자의 의도대로 소리를 내는 핸드벨이 아니라 나름의 선호를 가진 살아 있는 사람입니다.

합창은 이기심과 이타심의 갯벌을 탐험하는 시간입니다. 많은 사람이 역할을 나누어 노래라는 결과물을 함께 만들어가는 과정에서, 각자는 공동체 안에 머물면서도 개인으로 남습니다. 기획부터 공연까지 모든 과정이 자발적인 약속의 연속입니다. 극단적으로 말하자면 공연 중에는 혼자서 목소리를 높여도 누구도 끌어낼 수 없습니다. 그저 합창단 전체가 그 결과를 감내할 수밖에 없지요. 현실도 그렇습니다. 어빙 고프먼이 인간의 사회적 상호작용을 연극에 비유했듯이 매일의 만남과 소통은 **사회적 공연**입니다. 그래서 (노래가 아니라) 합창을 잘하는 이들은 아마도 훌륭한 시민들일 겁니다.

반대로 공연이 끝나고 집으로 돌아가는 길에는 묘한 자아가 고개를 듭니다. 바로 공연에서 아쉬웠던 부분을 내 책임인 양, 내가 공연을 망친 양 생각하는 **비대한 자아**가 등장합니다. 공연이 만족스럽지 않았을 때 리더가 아쉬워하는 모습을 보고서 혼자 괴로워했던 기억이 납니다. 그럴 필요가 없다는 것을 머리로는 알지만, 여전히 내 안의 악마는 "네 잘못이야!"라고 끊임없이 말합니다.

언뜻 보면 훌륭한 책임감일 것 같은 이 죄책감에는 이상한 양면성이 있습니다. 바로 나에게 '그 정도의 영향력이 있다'는 무의식적 전제에 도사리고 있는 **자만심**입니다. 과연 나하나가, 선의를 가지고 최선을 다한 나 하나가 합창을 망칠만한 능력이 있을까요? 음이 튀거나 쉬어야 할 때 큰 소리를내서 망친 정도가 아니라면 단원 한 명이 자기가 솔리스트라도 되는 것처럼 죄책감을 가질 필요는 없습니다. 그런데도 죄책감을 떨치지 못하는 건 결국 내가 인생의 주인공이어야 하기 때문이겠지요. 아니면 오래 강요된 감정이거나.

세상일도 그러합니다. 가족, 직장, 공동체 안에서 일어난어그러진 일들이 꼭 나의 잘못은 아닙니다. 잘 불린 합창곡이 내 덕분이 아니듯, 좀 못 불린 합창곡 역시 내 잘못이 아닙니다. 우리는 이렇게 근거도 소득도 없는 죄책감을 안고 살아갈 때가 많습니다. 그럴 때는 스스로에게 다독입니다. "무책임해져도 돼. 오히려 좋아." 그래야만 나도 자유롭고, 나의 책임감을 다른 이에게도 요구하는 우를 범하지 않습니다.

합창의 또 다른 이타성은 노래가 합창하는 이들 사이에만 머물지 않는다는 데에 있습니다. 노래는 멀리 퍼져나갑니다. '416합창단'은 세월호 참사로 가족을 잃은 부모들과 일반시민 단원들로 구성되었습니다. 세월호 참사라고 하면 텔레비전 속에서 정형화된, 슬픔에 잠긴 유가족들의 모습만 떠오르는 이들에게는 이분들이 노래를 한다는 사실이 의아할 듯 싶습니다. 참사 이듬해부터 본격적으로 활동한 이 합창단이 가장 많이 들었을 말 중 하나는 아마도 "노래가 어떻게 세상을 바꾼다는 거냐"일지도 모릅니다.

여러분은 어떻게 생각하시나요? 노래가 세상을 바꿀 수 있을까요? 아닐지도 모릅니다. 그런데 다른 것들도 마찬가지입니다. 혁명은 세상을 (더 낫게) 바꾸나요? 정치는? 개헌은? 새로운 리더는? 바뀌는 부분이 없지는 않겠지만 우리네 삶이 딱히 달라지지는 않습니다. 우리는 화창한 날씨, 달달한 군것질, 밀리지 않는 출퇴근길, 하늘에 뜬 무지개 같은 소소한 것들에 울고 웃는 사람들이니까요. 저런 것들로 획획 바뀌는 세상에서는 굳이 살고 싶지 않습니다. 리더 한 명 바뀐다고 달라지는 세상은 너무도 불안정한 세상일 것입니다.

노래가 세상을 바꾸지는 못할지라도 세상을, 우리의 삶을 채워줄 수는 있습니다. 노래가 날아가고 날아드는 과정에서요. 영화 〈쇼생크 탈출〉의 가장 아름다운 장면 중 하나는 교도소에서 주인공 앤디(팀 로빈스Tim Robbins)가 교도소장의 집무실 문을 잠그고 수감자들을 위해 모차르트의 오페라 〈피가로의 결혼〉 중 〈편지의 이중창〉을 틀어주는 장면입니다. 이 노래를 듣던 또 다른 주인공 레드(모건 프리먼Morgan Freeman)는 이렇게 말합니다.

아직도 난 그 여자들이 무엇을 노래했는지 모른다. 알 필요도 없고 알고 싶지도 않다. 하지만 짧은 순간에 쇼생크의 모두는 자유를 느꼈다.

416합창단이 부른 곡 중 〈노래여 날아가라〉라는 윤미진의 노래가 있습니다.* 이 노래의 후렴 가사는 이렇습니다.

노래여 날아가라 우리 생명의 힘을 실어
깊은 겨울잠을 깨어 노래여 날아가라
노래여 날아가라 사람이 사람으로 사는 땅
평화의 바람으로 노래여 날아가라

이 노래를 듣고 있으면 마음이 자유로워집니다. 누군가 웃어주는 것 같은 기분이 듭니다. 저의 위선과 한계를 다 안다는 듯, 그냥 거기 있으라는 듯, 뭐가 그리 심각하냐고 말해주는 듯한 기분이 듭니다. 노래로 표현되는 작고 여린 꿈들과 사람들이 참 당당합니다. "사람이 사람으로 사는 땅" 부분에 이르면 머리가 저릿해집니다. 우리는 그 순수함, 당당함, 자유로움을 갈망하는 것인지 모르겠습니다. 어쩌면 부러워하는

* 윤미진 작사·작곡, 〈노래여 날아가라〉, 2006. KOMCA 승인필.

것일지도요.

노래는 우리의 마음을 비추는 거울입니다. 우리 마음의 단면들만큼 많은 노래가 함께 불려 더 멀리 날아간다면 우리는 더 많은 '너'를 만날 것입니다.

희생하지 마세요

학부생들에게 리더십 강의를 하던 어느 날이었습니다. 리더십 연구자인 한국학중앙연구원 명예교수 박병련이 정리한 동양적 리더십 네 가지를 우선 설명합니다. 독단전제형(말 그대로 권력을 독점적으로 휘두르는 유형), 위임형(이상적으로는 팔로워들에게 권한을 맡기고 책임은 자신이 지는 유형), 수의형(팔로워들의 의견을 듣고 이끄는 유형), 그리고 솔선형. 마지막 유형은 리더가 앞장서서 본을 보이고 문제를 해결하는 리더십이지요.

동양적 가치관이 지배하는 세계에서 솔선형은 늘 이상적 리더였습니다. 명량해전을 앞둔 삼도수군통제사 이순신은 전투에 앞서 "신에게는 열두 척의 배가 남아 있습니다"라고 장계를 올렸습니다. 하지만 칠천량해전 패배 후 이미 명령 체계가 약화되었던 당시, 막상 통제사에게는 오직 자신의 배 한 척만 있었습니다. 나머지 함선들은 전부 뒤에서 사태를 관망하고 있었다지요. 이런 상황에서 승전을 이끌어낸 리더십, 이것이 솔선형 리더십입니다. 조직이 처한 문제를 앞장서서 해결하는 리더십, 조직에서 부족한 자원을 자신의 사적 자원을 동원하여 메꾸는 리더십, 그러면서도 명령이나 강압을 하지 않고 팔로워들이 스스로 감화되어 자신을 따르게 만드는 리더십. 완벽하지요. 특히 무심하고 책임지기 싫어하는 팔로워 입장에서는 무척 이상적이라 할 만합니다. 조직이 잘 나갈 때는 어떤 리더십이든 별 상관이 없습니다. 조직이 어려울 때 솔선형 리더는 대체불가능한 존재입니다.

학생들에게 묻습니다. 이토록 이상적인 솔선형 리더의 문제는 무엇이겠냐고. '솔선형 리더에게 문제가 있어?'라고 생각할지도 모르지만, 솔선형 리더의 치명적인 한계는 **우리가 모두 사람이라는 사실**에 있습니다. 이어서 말합니다. 사람이 오래 솔선형 리더로 남아 있으면 사람인 이상 지치게 된다고. 처음에는 가능하지만 시간이 지날수록 외롭고, 따라오지 않는 팔로워들이 원망스러워지기 시작하고, 심리적으로 고립되고, 자신의 희생이 점점 커보이기 시작하고, 이타심이 타버리고 남은 자리에는 이기심의 반동이 찾아온다고.

여러분도 생각해보십시다. 솔선형 리더를 경험해본 적이 있나요? 그 가운데 끝까지 솔선형 리더로 남았던 이들이 있나요? 솔선형 리더는 단기적으로는 조직에 도움을 주는 것 같지만 리더의 고립을 고리로 해서 결국 조직에 해를 끼치게 됩니다. 고립된 리더가 조직에 좋을 리 없습니다. 게다가 자신이 희생한 만큼 조직에 서운한 마음이 들면 그 희생에 대한 대가를 스스로 찾아다니기 시작합니다. 때로는 그것이 부패로 이어집니다. 리더의 능력이 충분한 경우에는 쉽게 독단전제형으로 변하겠지요. 솔선형 리더가 잘 안 보이는 이유는 솔선하기가 어려워서가 아니라 쉽게 변질, 변형되기 때문입니다. 사람이라서요.

마지막으로 학생들에게 당부합니다.

희생하지 마세요. 조직을 위해 희생할 필요 없어요. 자기가 지치면 결국 남에게도 해를 끼쳐요. 자기가 지치지 않을 만큼만 희생하세요. 여러분이 먼저 행복해야 해요.

이 말을 할 때 흔들리는 눈빛들을 봅니다. 학생들의 삶이 복잡하면 얼마나 복잡했길래 눈물을 다 흘리냐고 생각할 수도 있지만, 이들도 솔선형 리더의 고단함을 이미 알고 있습니다.

꼭 리더일 필요도 없습니다. 솔선형이면서 리더가 아닌 보석 같은 존재들이 있는데, 우리가 흔히 **호구**라고 낮춰 부르는 이들입니다. 여러분 주변에 자신이 호구인 것 같다고 탄식하는 이들이 제법 있을 겁니다. 여러분도 대부분 스스로 호구라고 생각할지도 모릅니다. 우리는 호구일까요? 혹시 이타적으로 산다는 것은 호구가 된다는 것을 의미할까요?

브라질의 소설가 파울로 코엘료Paulo Coelho가 했다고 알려져 있지만 정확한 근거는 없는 말이 있습니다. 어쨌든 의미심장한 말인데 의역해보면 이렇습니다.

마음의 평화를 깨야 할 만큼 대단한 일은 없다.

호구로 사는 것쯤은 할 수도 있습니다. 엔진에 윤활유가 필요하듯이, 어떤 놀이든 '깍두기'나 '조커'가 필요하듯이, 이 세상에도 호구 몇몇은 있어야 돌아가지 않겠어요? 조직 이론에서는 이들이 하는 행동을 '조직시민행동'이라고 그럴듯하게 불러줄 정도니 호구는 사회나 조직의 필수품쯤 되는 것 같습니다.

하지만 호구의 삶에서도 타협해서는 안 되는 지점이 있는데, 바로 **내면의 평화**입니다. 이 평화가 깨지면 우리는 파괴되기 시작합니다. 지쳐가는 것입니다. 이 상태에 이르면 호구로서도 살 수 없어집니다. 예민해지고, 에너지가 빨리 바닥나고, 친절하고 싶지 않아집니다. 외부의 모든 자극이 너무 강하게 느껴집니다. 이 상태에서 태도가 달라지면 우리를 호구로 생각했던 이들은 놀랍니다. 그리고 불쾌해할 겁니다(이때 미안하다고 말하는 이가 있다면 꼭 가까워집시다!). 그러고는 우리의 에너지를 더 소진시킬 행동을 택하겠지요.

어떤 일이 아무리 중요하다 해도 내면의 평화를 깨는 일은 너무 비싼 대가를 치르는 셈입니다. 물론 인생에서는 그럴 수밖에 없는 솔선과 희생의 순간들이 있지요. 좋습니다. 중요한 것은 그 순간을 지나 회복해야 할 시기가 왔을 때 내면의 평화를 지키는 일입니다.

호구가 실천하기는 매우 어려운 말이긴 한데, 아무튼 멋진 말이 또 있습니다. 이 말도 누가 했는지 정확히 모르는 말이지만 '한 방'이 있습니다.

그들을 나쁘게 대하는 게 아니다.
걸맞게 대하는 것이다.

아마 수많은 호구가 이렇게 살고 싶으실 겁니다. 이렇게 살 수 있다면 호구가 아니겠지만요. 다만 저 말은 좀 위험합니다. **걸맞은** 태도란 맥락상 결국 부정적인 반응을 의미하기

쉽고, 사람 사이의 교류는 상호적인 것이라 부정적 태도는 순식간에 관계를 파멸의 나선으로 몰아갈 수 있습니다. 한 번쯤 꿈꿔보고 싶은 삶이지만 그저 꿈에 그칠 가능성이 크지요. 호구는 관계를 중요시하니까요.

이제는 흔해진 조언이지만 조금은 **나를 위해 사는 시간**이 남을 위해 사는 시간의 기초가 됩니다. 여러분이 지금 어떤 사람, 조직, 대의, 과업을 위해 희생하고 있다는 생각이 들면 잠시 멈추는 것도 호구로 살아가는 과정의 일부입니다. 우리 머릿속에서 희생이라는 말이 떠오르지 않도록 조심하는 것까지가 호구의 본분입니다. 희생이라는 관념은 이기심과 이타심이 뒤섞인 상황에서 이기심만을 걸러내는 체와도 같습니다. 그 체 위에 남겨진 세상은 온통 이기심으로 가득해 보입니다.

철저히 이기적인 사람이 되어보라고요? 그러다 죽을 때까지 이기적으로 살지도 모르지만 우리 대부분은 철저히 이기적인 자신의 모습에 지치는 순간을 경험할 것입니다(왠지 최소한 이 책을 읽고 있는 여러분이라면 그럴 것 같습니다). 그 모습을 스스로 더는 견디기 어려운 순간을 마주했을 때, 비로소 우리는 좀 더 응축된 에너지를 품고 타인을 향해 다가갈 수 있을 것입니다. 그때 우리 마음 한편에 자리한 사랑, 미움, 두려움, 설렘, 미련, 기쁨, 슬픔, 고통은 산 너머에 있는 타인으로 향하는 통로가 될 것입니다.

타인을 지향하는 마음을 억지로 배양하는 것이 아니라, 언젠가는 타인을 지향하는 마음이 생길 수 있는 삶을 살아가는 것이 중요합니다. 타인을 먼지처럼 보게 만들 극도의 권력과 쾌락을 좇는 삶에서 타인을 지향하기는 어렵겠지요. 타인이 발견되는 삶이어야 우리의 인지상정도 발현됩니다.

아울러 우리가 이타'주의'를 말할 때는 그것이 사상을 지향하는 것인지 사람을 지향하는 것인지 돌아보아야 합니다. 사람이 아니라 사상에 충실한 행동으로서 타인에게 친절을 베풀 때, 이타주의는 교조화됩니다. 거기에는 사람이 아니라 사상을 실현할 대상이 있을 뿐입니다.

힘들다면 마음껏 이기적이 되어봅시다. 마음이 불편해질 때까지, 사람이 보일 때까지. 그 지점을 알고 나면 이제 우리는 덜 두려워할 수 있습니다. 우리가 어디쯤 멈춰 서게 될지를 알았기 때문입니다. 이 지식은 나에게도, 너에게도 도움이 됩니다. 나를 잘 아는 이기심은 이타심의 출발선입니다.

나의 언어, 우리의 언어

나무가 모여 숲이 되듯이 우리가 사용하는 언어는 우리가 타인을 대하는 마음을 빚어냅니다. 2024년 2월, 시각장애를 지닌 인간이자 집권당의 한 국회의원은 동료들에게 질문을 던졌습니다. "장애를 '앓고 있다'가 맞을까요, 장애가 '있다'가 맞을까요?" 질문은 멈추지 않았습니다. '눈먼 돈'이나 '절름발이 행정' 같은 표현에 어떤 문제가 있는지, 이런 표현을 어떻게 바로잡을 수 있을지 물었습니다. 언어의 숲에서 자라고 있는 장애차별적 표현이라는 독초를 제거하기 위해서였습니다.

익숙하지 않은 타인을 만날 때 마주치는 첫 번째 장벽은 언어입니다. 외국인, 고관대작, 처음 만난 사람 앞에서 우리는 언어를 추스르게 됩니다. 사회적인 차원에서는 대표적인 예가 장애 이슈입니다. 앞서 말했던 국회의원의 도전에서 느낄 수 있듯이, 평소 쓰는 우리말에는 수많은 장애차별적 언어가 도사리고 있습니다. 장애인을 만나 이야기를 나눌 때, 처음에는 조심하더라도 함께 나누는 이야기가 무르익고 긴장이 풀리기라도 하면 저도 모르게 오랫동안 신체 및 정신장애를 비하해온 표현들이 튀어나오곤 했습니다. 그 말이 초당 343미터의 속도로 다시 귀에 들어와 박히는 찰나의 순간에 머리는 하얘지고 볼은 붉어지곤 했습니다. 사람들과 헤어지고 돌아와서는 괴로워했습니다. 윤동주는 "잎새에 이는 바람"에도 괴로워했지만, 차별의 언어들은 바람보다 훨씬 폭력적이었습니다.

사람들과 만나기 위해서는 언어부터 단련해야 했습니다. 쉽지는 않았습니다. 언어는 대화를 통해 자연스럽게 배우는 것이지 억지로 습득하는 게 아니지요. 하지만 어쩔 수 없었습니다. 장애와 관련된 다양한 표현을 찾아보고, 외국에서는 장애를 비하하는 뉘앙스를 지닌 표현을 어떻게 바꾸었는지 공부하고, 평소에 쓰는 말들에 혹시 문제가 없는지 확인하곤 했습니다. 예를 들어 많은 이가 '결정장애'라는 말을 무심하게 사용합니다. 이전 같으면 쉽게 썼을 이 말을 이제 쓰지 않습니다. 좋은 의도랍시고 사용하는 '바보'나 무슨 의미인지도 모르고 썼던 '찐따'(또 다른 비속어인 '절름발이'의 방언으로 특히 전쟁통에 다리에 손상을 입은 사람을 이르는 말) 같은 비속어도 마찬가지입니다. '맹점' 같은 용어도 피하려고 의식적으로 노력합니다. 어느새 '장애인'이라는 말도 구어에서는 '장애를 지닌 분' '○○장애가 있는 분'과 같이 표현합니다. 대화의 주제상 굳이 장애를 특정할 필요가 없는 경우에는 장애를 언급하지 않는 것도 원칙입니다. 앞서 등장했던 국회의원을 언급하며 '시각장애를 지닌'이라고 덧붙인 것은 그분의 질문이 당사자로서 던진 질문이라 더욱 강력했다는 의미가 있기 때문입니다. 특별한 경우가 아니라면 그런 수식어는 필요 없습니다.

국가, 언어를 불문하고 장애와 관련된 표현들에 대부분 비하의 뉘앙스가 있다는 사실은 현대 사회가 얼마나 장애인의 인권에 무감했는지를 반영합니다. 누군가가 어떤 역량이 부족하거나 '보통 사람'들과 다르다고 생각될 때, 우리는 무심결에 장애와 관련된 비유를 하곤 합니다. 단지 오래 써왔기 때문에 입에 착 붙는 적절한 비유인 것처럼 즐거워합니다. 이는 화자가 사회적으로 권력이 크든 작든 무관하지만, 특별히 정치인들의 차별적인 언어는 더더욱 폭력적입니다. 그들의 언어는 언론이라는 확성기를 통해 전파되기 때문입니다.

언어의 단련은 단지 부적절한 언어를 사용하지 않는 데

그치지 않습니다. 부적절한 언어를 없앤다고 해서 적절한 언어가 바로 입에서 나오는 것은 아니니까요. 이때 새로운 언어를 찾지 못하면 우리는 말할 수 없는 상태에 잠시 놓입니다. 장애에 대한 편견이 그대로 묻어나는 과거의 언어가 사라진 자리는 과연 어떤 언어로 메울 수 있을까요. 눈먼 돈, 절름발이 행정, 결정장애, 맹점 등을 제초한 땅에 어떤 언어의 나무를 심을까요.

몇 가지 방법이 있습니다. 그중 하나는 **말할 수 없다면 말하지 않는 것**입니다. 장애를 비하하지 않으면서 어떤 상태를 묘사할 방법이 떠오르지 않는다면 그저 침묵하는 것이 최선입니다. 예를 들어드리면 이해에는 도움이 되겠지만 굳이 들지 않는 것이 좋겠습니다.

다른 하나는 그런 상황들을 마주했을 때 곧바로 돌아보고 적절한 표현을 탐색하는 것입니다. 언어는 혼자가 아니라 함께 만들어가는 것이기 때문에, 이런저런 표현들을 서로 기회가 있을 때마다 이야기하면 보다 윤기 있는 언어를 만들어낼 수 있습니다. 특히 무엇이 적절한 표현인지 불확실할 때는 장애 당사자에게 직접 물어보는 것이 최선이라고 장애운동가들은 말합니다.

여기서 한 걸음 더 나아가야 합니다. 바로 장애인들, 아니 모든 이의 삶을 더 적극적으로 드러낼 수 있는 언어들을 찾고 만들어내는 집단적 노력입니다. 작가 은유는《글쓰기의 최전선》에서 "약자는 달리 약자가 아니다. 자기 삶을 설명할 수 있는 언어를 갖지 못할 때 누구나 약자다"라고 말했습니다.

왜 아니겠습니까. 가까운 사람들의 모임이 아닌 세속적인 (?) 회식 자리에서 자신의 삶을 가장 적극적으로, 풍부한 언어로 말하는 이는 보통 누구인가요? 상대적으로 권력이 큰 이들입니다. 이들의 삶이 사람들의 관심거리인데다, 이들의 삶과 이들이 처한 상황을 묘사할 수 있는 수많은 표현이 이 사회 안에서 유통되고 있기 때문입니다. 먹고 싶은 음식인데 재료도 많은 셈인 거죠.

언론과 미디어는 주류적 삶을 묘사하는 언어와 영상들을 끊임없이 생산합니다. 반면 '발달장애'를 생각해봅시다. 어떤 표현들이 떠오르시나요? 몇 개나 떠오르시나요? 우리에게는 이들의 삶을 묘사할 언어들이 많지 않습니다. 이들의 삶을 잘 모르기 때문입니다. 언어가 부족하니 삶의 세부적인 모습들을 포착하고 표현하기도 더 어려워집니다. 악순환인 것입니다. 이들의 삶 역시 언어를 통해 말해지고 알려질 가치와 권리가 있음에도 불구하고, 사회는 이들을 언어의 세계에 좀처럼 초대하지 않습니다. 장애인 인권운동가 박김영희는 홍은전이 쓴《전사들의 노래》에 실린 인터뷰에서 이렇게 말했습니다.

사회를 향해 무언가 말하려면 우리 자신부터 장애 여성이 누구인지 말할 수 있어야 하는데 우리에겐 언어가 없었죠. (…) 장애 여성에게는 장애와 여성이라는 교차성이 있다는 걸 느꼈지만 설명할 언어가 없었죠.

장애인 인권운동가들은 이제 언어를 만들고 있습니다. '이동권' '장애인 권리예산'이라는 말을 처음 들었을 때는 '감정 노동'이라는 말을 처음 들었을 때만큼 직관적인 깨달음에 감탄했습니다. 서울대학교 보건대학원 교수 김창엽 등이 쓴 《나는 나쁜 장애인이고 싶다》의 표제에서 사용되고 있는 '나쁜 장애인'도 마찬가지입니다. 구조에 저항하다 보니 나쁘게 여겨지는 장애인이라는 의미로 쓴 이 말은 양가적이어서 매력적입니다. 그뿐만 아닙니다. 장애인 인권운동사를 장식하는 '차별에 저항하라' '자립은 함께하는 것'과 같은 말들이 꾸준히 만들어졌습니다.

말하는 내용뿐만 아니라 말투도 중요한 문제입니다. 저널리스트 고종석은 《말들의 풍경》에서 사회적 방언을 이렇게 정의했습니다. "나이나 직업이나 교육 배경이나 성별 같은 사회적 조건들에 따른 언어변이체들." 대개 방언 혹은 사투리라고 하면 전라도나 경상도 등의 지역을 떠올리지만, 사회를 구성하는 여러 집단이나 계급이 쓰는 특유의 언어들도 방언입니다. 스타트업들이 몰려 있는 판교에서 일하는 이들이 쓰는 '판교어'가 대표적입니다. 특히 사회적 방언에는 계급성이 녹아들어 있습니다.

예를 들어 한국에는 '블라인드 면접'이 퍼져 있습니다. 면접에서 지원자의 '스펙'을 다 가리고 오로지 그의 답변만으로 능력을 평가하겠다는 취지입니다. 의도대로 작동할까요? 지원자의 답변에는 두 가지 정보가 있는데, 하나는 내용을 통해 가늠할 수 있는 지원자의 능력이고 다른 하나는 언어의 특색을 통해 짐작할 수 있는 지원자의 배경입니다. 블라인드 면접은 전자에 초점을 두지만, 후자를 걸러낼 수는 없습니다. 할리우드 영화에서 등장인물이 영어를 쓰다가 한국어를 쓰면 한국인들에게는 그 부분만 기가 막히게 귀에 들어오듯이, 누군가의 말은 그의 말에 익숙한 집단의 사람 귀에는 쏙 들어옵니다. 법조인은 법조인을, 학자는 학자를, 교포는 교포를, 동향인은 동향인을, 노동자는 노동자를 알아봅니다. 아니, 알아듣습니다.

방언의 문제는 민주적 소통의 장에서도 발견됩니다. 예를 들어 아래와 같은 소통은 정부 문서에서 다반사입니다. 고용보험법 시행규칙을 일부 개정하는 과정에서 이유를 설명하는 입법예고 속의 문구입니다. 이해가 되시나요.

그간 1주간 총 근로시간이 동일한 경우에도 근로계약서에 소정근로시간을 정한 단위에 따라 1일 소정근로시간이 달라지는 불합리가 발생함에 따라 소정근로시간이 주 또는 월 단위 경우에 따라 비례하여 인정하도록 개선.

이제 묻게 됩니다. 나의 방언은 무엇일까. 지식인이 상아탑을 벗어나 '현장'으로 다가갈 때 이내 **말하기의 윤리**와 정면으로 대면합니다. 현장의 언어는 구체적이고, 투쟁적이고, 절실합니다. 상아탑의 언어는 대개 추상적이고, 완곡하고, 냉정합니다. 똑같은 말도 그럴듯하게 말하려 합니다. 가장 문제가 되는 것은 상대가 알아듣지 못해도 계속 말할 때입니다. 상대가 알아듣지 못하는 상황을 자기의 책임이 아니라 상대의 짧은 지식 탓으로 돌리는 것입니다. "더 공부하고 오라"는 교만한 말이 그 예지요.

어느 날 강의가 끝나고 한 학생과 엘리베이터에서 마주쳤는데 그 학생이 절망감 한 숟갈, 불만 한 숟갈을 넣은 어조로 물었습니다. "교수님, 오늘 읽은 책이 어려운 거죠?"

철학은 진리를 사랑하는 사랑스러운 학문이지만, 일부 철학의 언어는 그 철학이 지향하는 가치인 민주, 평등, 해방의 반대편에 위치할 때가 있습니다. 마치 진심으로 이해되기를 원하지는 않는 것처럼, 이해하고 보면 훨씬 쉬운 언어로 술술

풀어 쓸 수도 있었을 주장이 있습니다(이런 말은 바로 이 글에도 적용될 수 있는 매우 위험한 말이지만요). 스티븐 핑커^{Steven}

<del></del>

풀어 쓸 수도 있었을 주장이 있습니다(이런 말은 바로 이 글에도 적용될 수 있는 매우 위험한 말이지만요). 스티븐 핑커Steven Pinker는 《글쓰기의 감각》에서 이를 '지식의 저주'라고 불렀습니다. "우리가 어떤 지식을 알고 있을 때 그것을 모르는 다른 사람들의 처지를 잘 헤아리지 못하는 문제"를 가리키는 말입니다. 그러면서 핑커는 이렇게 살짝 조롱합니다. "너무 취한 탓에 자신이 운전하기에는 너무 취했다는 사실을 깨닫지 못하는 주정뱅이처럼, 지식의 저주에 걸린 사람은 바로 그 저주 때문에 자신이 저주에 걸렸다는 사실을 깨닫지 못한다."

그 학생의 질문에 웃고 말았지만 이렇게 말해주고 싶었습니다. "네 잘못이 아니야."

말하기의 언어적 실패는 정치적 실패입니다. 물론 정확하게 말하고자 할 때 언어가 좀 딱딱해지는 경향이 있습니다. 정확하면서도 쉬운 언어로 말을 거는 작가들은 드뭅니다. 그렇지 않은 시민들의 일상적 소통에서 중요한 것은 '누구와 왜 소통을 하는가'입니다. 말의 스타일을 신경 쓰는 것은 그와 소통하기 위해서이지 자기를 드러내기 위해서가 아닙니다. 자신의 삶에 대해 충분히 말하지 못하는 이들을 지향하는 어떤 사상의 언어가 그들에게 직접 읽히고 이해되기에는 너무나 난해하다면, '지식 중개인'들에 의해 반드시 재해석되고 교육되어야 한다면, 불행히도 딱 그 지점에서 그 지식의 소비가 멈춘다면, 진정 해방을 지향하는 사상이라고 말할 수 있을지 모르겠습니다.

어떤 언어는 정치적 투쟁의 대상이 되기도 합니다. '탈시설'이라는 말이 대표적입니다. 탈시설은 주로 장애인 인권운동에서 쓰는 말로, 시설에서 벗어나 거주인들이 자유로운 삶을 회복할 수 있는 사회적, 정책적 여건을 마련해가는 과정을 의미합니다. 탈시설이라는 개념이 어려워서 투쟁의 대상이 되는 것이 아닙니다. 그 말이 이미 긴 갈등과 실천의 역사를 반영하는 말이기 때문입니다. 반면 그 대안으로 등장한 '지역사회 자립 지원' 같은 말은 훨씬 매끄럽고 기능적입니다. 정치적 반대를 누그러뜨립니다. 목적에 따라 충분히 쓸 수 있는 말이기도 합니다. 어떤 말을 쓰든 분명히 할 필요가 있습니다. 탈시설은 지역사회 자립 지원보다 인간의 자유에 대한 훨씬 넓은 실천을 내포합니다. 지역사회 자립 지원은 구체적인 사업을 설계하는 단계에서 유용합니다. 어떤 말을 써야 하는지에 대한 결정은 단순히 용어 선택의 문제가 아니라, 시민으로서 **누구와 함께 어디 서 있기로 할지**에 대한 결단의 실마리가 될 수도 있습니다.

새로운 언어의 근원은 물론 당사자들 자신일 때 최선일 것입니다. 하지만 앞서 나온 박김영희와 홍은전의 협력에서처럼, 언어가 지닌 사회적 특성은 당사자들이 생산하거나 암시한 언어를 누군가가 듣고 받아안아 이를 확장할 수 있게 해줍니다. 특히 지식인은 자신의 글쓰기가 누군가에게 **언어의 무기고**가 되기를 바랍니다. 지식인다운 참 교만한 소망입니다. 감히 자신의 삶에서 나온 언어가 다른 이의 삶을 반영할 수 있다고 생각한다는 점에서, 감히 개인의 사유가 보편성을 담지할 것이라고 기대한다는 점에서 그렇습니다. 그래도 이 바람을 마음에 품어봅니다.

삶은 언어와 함께 공유됩니다. 타인과 가까워지고, 애태우고, 사랑하고, 헤어지는 노래들에서 우리 자신의 사랑과 아픔을 발견하듯이 좋은 언어는 서로 다른 삶들을 포개어줍니다. 장애인 인권운동가들이 즐겨 인용하는 말이 있습니다.

만약 당신이 나를 도우러 여기에 오셨다면, 당신은 시간을 낭비하고 있는 겁니다. 그러나 만약 당신이 여기에 온 이유가 당신의 해방이 나의 해방과 긴밀하게 결합되어 있기 때문이라면, 그렇다면 함께 일해봅시다.

언어를 돌아보는 일은 언제나 '너와 나'의 결합을 지향하는 일입니다. 일상의 말하기에서 편견과 차별의 언어를 지워나가고 존중과 해방의 언어를 만들어내는 일에는 누구나 참여할 수 있습니다.

그 하나의 이름

2024년 5월 5일

저녁 무렵 어둑한 연구실에서 빗소리를 느끼고 싶어 창문을 열어놓고 이런저런 음악을 듣고 있자니 그냥 눈물이 쏟아지다가 문득 속에서 울분이 치민다. 왜 늘 아프고 힘든 것은 착하고 평범한 이들의 몫인가. 많은 것을 바라는 삶도 아닌데. 그저 조금만 인간답게 살고 싶다는 것 뿐인데. 신은 왜 이들에게 좀 더 친절하실 수 없는 걸까.

울적한 마음에 지인이 공유해준 슈만의 〈헌정〉을 듣다 울고, 그에게 공유하려고 바흐의 〈샤콘느〉를 다시 듣다 울고, 애니메이션 〈스즈메의 문단속〉이 끝날 때 흐르는 〈카나타 하루카カナタハルカ〉('저편 아득히'라는 뜻)를 듣다 울고, 나 대신 신에게 원망과

한탄을 쏟아부었던 고대 시인의 〈시편〉 73편과 88편을 읽고서 문득 엄마가 눈앞에 나타난 아기처럼 마음이 가라앉는다.

〈카나타 하루카〉에는 이런 가사가 있다.

> 몇천 년 후의 인류가 무엇을 하고 있을지 따위보다
>
> 누구도 본 적 없는 얼굴로 웃는 네가 보고 싶어

유난히 이 가사가 아렸다. 과학 혹은 이론이란 무엇을 지향하는가. 이론(구조에 대한 이론이든 사람의 심리에 대한 이론이든)을 사랑한다는 것은 이 세상을 설명하고 예상하려는 욕망이 있다는 것이다. 세상에서 변하지 않는 부분을 기어코 알아내겠다는 뜻이다. 그것이 조물주가 이 세상에 새겨놓은 섭리이든, 다른 어떤 자연의 힘이든, 몇천 년 후의 인류가(그때도 여전히 호모 사피엔스의 세상이라면) 무엇을 하고 있을지 정확히 예측해보겠다는 의미다.

그런데 가사는 노래한다. 그런 것보다는 누구도 본 적이 없는 얼굴로 웃고 있는 너를 보고 싶다고. 그저 한 사람이 웃는 모습을 보고 싶다고.

비록 세상을 설명하려는 교만한 욕망에 이끌린 지향이긴 해도, 어쨌든 이론의 끝에 사람이 있다고 믿었다. 세상의 가운데는 사람이 있으니까. 있을 테니까. 있어야 하니까. 그래서 정교한 이론은 사람을 닮았을 것이라 생각했다.

하지만 꼭 그런 건 아니었다. 사람이란 참으로 아득한 존재여서 이론의 끝에 다다른다 해도 이제는 거기에 사람이 있을 것 같지 않다. 사람이 있다 한들 아마도 거기 서 있는 것은 누구도 본 적 없는 얼굴을 한 어떤 이가 아니라 기어코 내가 보고 싶었던, 내가 증명하고 싶었던 추상의 인간일 것이다. 진짜 인간이 아니라 내 집착이 빚은 인형일 것이다.

경세가적 관점에서 세상을 바라보는 이들은 사람이 아니라 숫자로 표현된 대의를 경전으로 삼습니다. '대의냐 한 인간이냐'라는 프레임은 많은 서사에서 반복적으로 다루어집니다. 영화 〈매트릭스〉에서 주인공 네오(키아누 리브스Keanu Reeves)는 기계의 침공 앞에서 한 줌 남은 인류를 구할지, 자신이 사랑하는 트리니티(캐리앤 모스Carrie-Anne Moss)를 구할지 사이에서 선택을 강요받습니다. 병사 한 명을 구하기 위해 구출 부대 대다수가 전사하는 이야기를 다룬 영화 〈라이언 일병 구하기〉는 무려 5억 달러의 흥행 수익을 기록했습니다. 신기하지요. 사람들은 평소의 삶에서는 1인당 소득이니 지역 개발이니 대통령이 무슨 잘못을 했느니 하는 이야기들을 주로 소비하는 반면, 돈을 내고 소비하는 것은 한 인간에 대한 이야기입니다.

'최대 다수의 최대 행복'식 사고에 익숙하고, **이왕이면 더 많은 사람을 살리는** 류의 결정에 삶이 이리저리 휩쓸리는 데에도 익숙한 우리는 당연히 대의를 선택해야 한다고 믿는 경향이 있습니다. "한 사람이 천하보다 귀하다"라는 말이 멋있기는 하지만 누구도 진심으로 믿고 있는 것 같지는 않습니다. 영화 〈감기〉에는 정체 모를 바이러스가 퍼진 분당에 시민들이 격리된 상황에서 미군이 분당을 폭격하려 하자, 대통령(차인표)이 이를 막아서는 '멋진' 장면이 나옵니다. 반대로 영화 〈부산행〉에서 좀비가 된(되어가는) 사람들을 격리하려는 용석(김의성)은 '얄미운' 악역으로 그려집니다. 하지만 우리의 현실은 그렇지 않죠. 영화에서 그려진 방식과 달리 관람평에서는 "현실에서라면 용석의 판단이 옳을 수도 있다" "휴머니즘이 사람 살리는 거 아니다" 같은 의견도 나왔습니다.

한 사람을 살리는 낭만적인 선택 같은 것은 지위가 높고 대단한 사람이 위기에 처했을 때나 통용되는 말일 뿐입니다. 전세 사기를 당한 사람, 탈시설을 했는데 정부 지원이 끊긴 사람, 졸지에 불법체류자가 되어버린 사람, 줄어들지 않는 공공임대주택 대기 번호를 들고 있는 사람… 도무지 '최대 다수'가 될 수 없는 이들에겐 그저 영화에서나 가능한 이야기입니다.

대한민국의 미래를 걱정하고, 경제 살리기에 집중하고, 기득권 개혁을 완수하고, 범죄를 예방하고, 평등한 사회를 구현하는 등의 대의는 언제나 누군가에게는 옳습니다. 이러한 대의는 도무지 부정할 방법이 없을 만큼 옳아서 우리에게 남은 거라곤 '어떤 대의를 편들 것인가'에 대한 선택뿐입니다. 나라를 다스리는 책임이 있는 사람이라면 하나의 삶에 매몰되어 편견을 가지면 안 된다고들 합니다.

그렇다면 대의로 충분한 것일까요. 추상적인 대의는 그 안에 무심함과 잔인함을 품고 있습니다. 추상성 속에는 구체적인 '한 사람'이 잘 보이지 않기 때문입니다. 재난 영화에서 희생되는 역할을 맡은 배우들은 얼굴을 가지지 못했습니다. 누구도 그들의 얼굴을 알아보지 못합니다. 그러니 무심합니다. 이러한 무심함은 잔인함으로 이어집니다. 증오는 순간의 잔인함을 불러일으키지만, 지속적인 잔인함은 무심하지 않으면 불가능합니다.

우리 사회가 앓고 있는 고위 공직자의 책임 회피와 탁상공론의 근원에는 **구체성의 부재**가 있습니다. 규범의 추상성이 구체적인 한 사람의 삶을 소환하는 데 실패할 경우 그 규범은 작동을 멈춥니다. 아동복지법은 국가가 "아동이 건강하게 출생하여 행복하고 안전하게 자랄 수 있도록 아동의 복지를 보장"할 것을 규정하고 있습니다. 열여덟 번째 생일을 맞는 순간 이 아동복지법의 적용을 받지 못하는 보호종료아동들은 2020년대에 들어서야 관심을 받고 있습니다. 코로나-19 팬데믹은 저소득층 아이들의 학업 능력을 심각하게 약화시켰습니다. 아동복지법의 문구는 구체적인 아동들의 삶 앞에서 애매하고 무력합니다. 가습기 살균제 피해자 구제, 아동 학대 방지, 공교육 질 향상 같은 목표들은 '뜨거운 감자'처럼 관료제의 상부에서 아래로, 더 아래로 전달되고 전달됩니다. 결국 일선의 경찰관, 군인, 교사, 사회복지사, 활동지원사와 같이 직면한 상황은 복잡하고 구체적인데 재량은 없는 젊은 시민들이 국가 차원의 과제를 짊어지고 갑니다. 그 짐이 무거워 현장에서 사람이 사람을 외면하거나 미워할 때, 그래서 폭력이 창궐하기도 할 때, 구체성을 다룰 필요가 없는 지위에 있는 이들은 자신에게 '법적' 책임이 없다고 자위합니다.

시민으로서 우리가 함께 나아가야 할 방향의 대의를 판단할 때는 그 정책에 영향을 받을 이들의 이름을 구체적으로 알고 부를 수 있는지 돌아보아야 합니다. 작은 탁자를 사이에 두고 그들의 얼굴을 마주하고 그 정책을 말로 설명할 자신이 있는지 자문해보아야 합니다. 그들이 희망을 품는 눈빛을 하는지, 한숨과 눈물을 내비치는지, 일선 담당자가 책무에 짓눌린 표정을 짓지는 않는지 직면해보아야 합니다. 공적 결정을 할 권위가 있는 이들에게 요청해야 합니다. 당신들은 과

연 이 정책에 영향을 받을 다섯 명의 구체적인 이름을 말할
수 있는지, 그들의 사연을 여기서 설명할 수 있는지.

'국민'이란 구체적인 사람들의 이름이 담긴 꾸러미에 달아
놓은 표식입니다. 이름이 먼저고, 추상성과 합리성은 그다음
입니다. 우리가 세상을 구하고 싶다면 먼저 한 사람에게 눈
을 돌려야 합니다. 대의가 사람을 살릴 때는 그 안에 논리뿐
만이 아니라 구체적인 사람이 있을 때입니다. **우리는 사람을
통해 세상을 이해합니다.** 추상적인 가치와 법칙들로 세상을
이해하지 않습니다. 사람 안에 세상이 있습니다.

　너와 마주하는 절망은

　네가 없는 희망 따위는 흐려질 만큼 빛이 나

　너의 웃는 모습은 왠지 상냥함을 닮았어

　너의 노래하는 모습은 오늘 내린 소나기 같았어

　목이 쉴 정도로 너의 이름을 외쳐서

　너에게 닿는다면 지금 외칠게[*]

[*]　애니메이션 〈스즈메의 문단속〉의 오리지널사운드트랙 26번 〈카나타 하루
카〉 가사입니다. 이 노래는 록밴드 래드윔프스RADWIMPS가 불렀습니다.

3장

가족이라는 타인

모쿠슈라

이기심이 자기 자신을 향하는 마음이라고 할 때 한 가지 함정이 있습니다. **이기심이 지향하는 나는 누구입니까?** 나라는 존재는 물리적으로 타자와 구분되는 자신의 몸만을 의미하지 않습니다. 피곤한 퇴근길에 자식이 웃는 모습을 보면서 세상을 다 가진 것 같을 때, 외톨이가 된 가장이 자신은 가족을 위해 살아온 거라고 울부짖을 때, 희생을 요구하는 보스의 술잔을 한 번에 비울 때, '나'의 경계는 모호합니다. 이기심을 이해하는 핵심은 그 마음이 지향하는 것이 자신이냐 타인이냐 이전에, '나'를 구성하는 것은 무엇인지 답을 더 듬어가는 일입니다.

수많은 '우리'가 여러 동심원 안에 놓여 있습니다. 우리는 많은 경우 나와 어떤 집단을 동일시하며, 그 집단을 위해서 목숨까지 바칠 수 있다고 생각합니다. 나 자신에서 출발해서 가족, 동네, 학교, 직장, 지역, 국가까지 그 마음이 닿기도 합니다. 동시에 그 집단은 하나의 감옥이었다고 느끼기도 합니다. 내가 그 집단 안에서 사랑받은 것인지, 사육당한 것인지 자문하게 되는 날도 오는 것입니다.

우리가 살아가면서 이기심과 이타심의 갯벌을 마주하는 첫 번째 집단은 가족일 것입니다. 어릴 적 집에서는 여동생과 그토록 서로 싸우다가도, 학교에서는 동생을 괴롭히지 말라며 동생의 친구들과 또 싸웁니다. 나이가 들어갈수록 어릴 적에는 그저 서로 친하게 보였던 친척들이 부모에게 어떤 존재였는지 알아갑니다. 한 상에 둘러앉아 먹고마시면서 클 때는 부모에게 '안 아픈 손가락'이 없다고 생각했지만, 돌아보니 내가 바로 가장 아픈 손가락이었겠다는 생각이 들면 착잡해집니다. 가족이라서 돈을 빌려주고, 가족이라서 그 돈을 날리고, 끝내 가족이 무엇인지를 묻게 되는 집도 있습니다. 그곳에서 이기심과 이타심의 경계는 모호한 정도가 아니라 미로나 다름없습니다.

어리고 취약한 나는 가족 안에서 비로소 '나'가 됩니다. 그래서 우리는 늘 가족에게 빚진 존재입니다. 어느 날 우리는 빚을 갚아나갈 때가 왔다는 걸 압니다. 학생 시절에는 공부를 잘해서, 조금 더 커서는 번듯한 사람과 결혼해서, 경제적 풍요를 성취해서, 때로는 기약 없는 간병을 통해서 그 빚을 갚습니다. 가족은 둘도 없는 지원자이자 지독한 스크루지 영감일 수도 있습니다. 어떤 이는 자발적으로, 어떤 이는 의무적으로 이 교환에 동참합니다. 그리고 그 마음의 어떠함에 따라 가족은 나의 확장이 되거나 감옥이 됩니다.

가족은 사적인 공간이 아닙니다. 가족은 하나의 **작은 사회**입니다. 그 안에는 수용해야 할 질서가 있고 윤리의 시작과 끝이 있습니다. 폭력이 용인되기도 합니다. 가족이 아니면서 가족이라는 유비를 적극적으로 활용하는 집단은 가족의 이름으로 권력을 행사합니다. 가족 같은 회사, 딸 같은 직원, '대부님'이라 불리는 조직의 보스, 가족이 아닌 가문, 그리고 수많은 '가족적인' 종교 집단과 폐쇄적 시설들. 합법과 불법, 정당과 부당의 경계를 넘나드는 자의적인 권력은 가족이라는 이름을 즐겨 사용합니다. 자신이 한 모든 일의 열매는 결국 모두에게 공유된다고 주장합니다. 어느 정도는 사실이지만 어느 정도는 거짓입니다.

그렇게 가족이라는 개념은 행동의 결과가 자신만이 아닌 집단에 돌아가는 공간, 그걸 강요하고 강요받는 공간에 끊임없이 효과적인 유비를 제공하는 이데올로기적 광맥입니다. 가족의 경계 안에서 이기심은 이타심이고, 이타심은 이기심입니다. 이런 이야기가 불편할 수도 있겠습니다. 하지만 찰스 디킨스의 소설들에 나오는 아이들이 처한 세계처럼 모든 가족이 안전하고 친절한 건 아니었습니다.

　이렇게 가족을 비판만 해서는 가족을 정당하게 다루는 게 아닐 것입니다. 수많은 재난과 사고로 죽음에 이른 이들이 가장 마지막 순간에 메시지를 보내는 사람은 거의 대부분 가족입니다. 2014년 4월 16일 오전 8시 50분부터 10시경까지 침몰하던 세월호 안에서 마지막 순간에 학생들이 가족들에게 보낸 문자들을 생각합니다. 분명 가족은 소우주와 같은 인간이 최후의 순간에 손을 뻗는 가장 소중한 존재입니다. 10·29 이태원 참사로 자녀를 잃은 부모들의 구술기록집《참사는 골목에 머물지 않는다》에는 상실한 아들과 딸이 삶의 모든 것이었다고 고백하는 부모들의 목소리로 가득합니다. 도대체 무엇이 가족을 이런 의미를 지닌 존재로 만드는 걸까요.

　또 다른 관점에서 볼까요? '정상가족' 이데올로기라는 말이 있습니다. 이 개념은 우리가 가족이라고 하면 떠오르는 '남자 아버지, 여자 어머니, 자녀'로 이루어진 가족을 이상적인 가족 형태로 제한하는 사고를 비판합니다. 그런데 '정상' 가족을 비판하는 이들도 '가족'을 재정의하기 위해 고심합니다. 왜 가족에 집착하는 걸까요. **도대체 가족은 무엇일까요.**

딸을 바라보면서 생각합니다. 이 세상에 몇십 년을 더 존재해야 할 이유를 딱히 찾을 수 없던 숱한 밤들 가운데서도 내일 아침의 태양을 맞이해보기로 선택하는 유일한 이유는 딸의 존재입니다. 하지만 일상에서 저는 딸에게 공부하라고 잔소리하는 아빠, 집에 늦게 들어오는 아빠, 늦게 와서는 웹서핑만 하는 아빠, 놀러 가는 날이면 두통이 와서 드러눕는 아빠입니다. 제가 아빠인 건, 그저 아빠이기 때문입니다. 그를 위해 죽을 수도 있지만, 그를 위해 사는 건 또 다릅니다.

어떤 개신교 교회가 운영하는 '아버지학교'라는 프로그램에 참여한 적이 있습니다. 30~40대 아버지들을 모아 오른팔을 들고 "아버지가 살아야 가정이 산다"고 외치면서 가족 내 아버지의 역할을 재조명하고 아내 및 자녀와의 관계 회복을 위한 몸짓(한 번도 써보지 않았을 어색한 고백의 편지를 씁니다)을 시도해보라고 이끄는 프로그램입니다. 낯간지러울 것 같지만 사실 아버지학교는 매우 성공적이었습니다. 1997년 외환위기 이후 시작되어 지금까지 이르고 있으니까요. 저 역시 아버지가 이 프로그램에 참여하신 후 변화된 모습을 감지하기도 했습니다. 그래서 저도 참여했고요.

제 경험은 좀 달랐습니다. 아버지가 살아야 가정이 사는지는 정확히 잘 모르겠습니다만(살아야 하는 건 아버지만이 아니니까요), 아버지가 어떻게 가정을 파괴할 수 있는지는 잘 알 수 있었습니다. 참여자들의 고백 가운데 가장 뇌리에 남는 것은 이런 것들이었습니다. "나도 아이를 낳고 아버지가 되어 보니, 내가 그토록 증오했던 아버지의 모습을 나에게서 발견할 때 정말 괴로웠다." "아버지와 연락하지 않는다. 나에게 주어진 나의 가정에 충실하고 싶다. 아버지가 나의 가정까지 파괴하게 두지 않을 것이다." 30~40대의 남성들이 수십 명의 또 다른 남성들 앞에서 울면서 한 고백들입니다. 그리고 그들을 위로한다고 확신에 찬 훈계를 하던 50~60대의 아버지(프로그램 진행자)들은 그 젊은 아버지들이 괴로워하던 바로 그 아버지의 모습을 닮았습니다. 마음은 있으나 이해를 못하는, 사랑하는 만큼 통제하려는, 다가가고 싶으나 방법을 모르는 가부장의 모습이었습니다.

　아이러니하게도 저는 이 프로그램을 통해 제 아버지가 참 좋은 분이셨다는 사실을 깨달았습니다. 이후 아버지를 바라보는 관점이 완전히 달라졌습니다. 그러니까 제게는 아버지학교가 아니라 '아들학교'였던 셈입니다. 어쩌면 아버지학교도 아들학교도 아니라 그저 아버지라는 역할을 해야 했던 서투른 한 남자를, 그리고 그분이 속했던 세대를 깊이 이해하게 된 학교였습니다. 이 깨달음 이후 아버지는 제 곁에 딱 5년을 더 머무셨습니다.

가족에 대한 가장 급진적인 생각을 만들어가고 있는 이들 가운데는 장애인들이 있습니다. 많은 장애인이 어릴 때 혈연 가족을 떠나 장애인 장기 거주시설로 들어갔습니다. 어떤 가족들은 장애를 지닌 아이를 도저히 돌볼 수 없어서 절규하며 아이를 거주시설로 보냈지만, 제가 만난 어떤 이들의 기억은 좀 달랐습니다.

그 다른 기억을 가진 이들이 시설을 나와 '원래 가족'으로 돌아가지 않고 지역사회에서 살아갈 때 직면하는 도전은 다시금 가족을 구성하는 일입니다. 영화 〈나의 특별한 형제〉는 시설에서 나와 서로 의지하며 살아가는 두 장애인(신하균, 이광수)이 뒤늦게 아들을 찾으려는 어머니(길해연)와 갈등하고 서로의 거리를 가늠하면서 가족의 본질을 모색해가는 과정을 그립니다. 어쨌든 멀리서 바라보는 입장에서는 꼭 가족이어야 할까 싶기도 한데, 이들은 가족이라는 유비를 여전히 사용합니다.

여기에는 두 가지 이유가 있습니다. 하나는 생활에 관한

104

대한민국의 다양한 법이 가족을 전제하고 있다는 점입니다. 세금이나 주거, 복지 등 국가와의 여러 시민적 관계들이 가족의 일원으로서 시민을 전제합니다. 다른 하나는 관계에의 갈망입니다. 오랜 시간 외롭게 살아온 이들이 자유를 얻었을 때 관계를 형성하기를 바라는 마음에는 놀랄 일이 없습니다. 그리고 아마도 이들이 상상할 수 있는 가장 긴밀하고 신뢰할 수 있는 관계의 이름이 (비록 상처받았을망정) 가족일 테지요.

이 두 필요가 자립한 탈시설 장애인들의 삶에서는 다소 독특하게 결합합니다. 기존의 혈연 가족으로 돌아가는 이들도 종종 있지만 일시적일 때가 있고, 어떤 이들은 처음부터 그것을 거부하고, 다른 어떤 이들은 돌아가고 싶어도 돌아갈 가족을 알지조차 못합니다. 그럼 이들은 누구와 주로 관계를 맺을까요. 바로 시간당 임금을 받으며 주야간 활동을 옆에서 돕는 활동지원가와 자신들을 지원해주는 시민단체 활동가입니다. 사랑하는 이가 생겨 가정을 꾸리기도 하지만 인구학적 재생산의 단위는 아닐 때도 있습니다. 이런 관계들을 우리는 무엇이라고 부를 수 있을까요. 가족이면 충분할까요. 충분하다면 어떤 의미에서 그렇고, 그렇지 않다면 또 어떤 의미에서 그럴까요.

권투를 소재로 한 영화들은 가족에게서 상처받은 이들이 또 하나의 가족을 꿈꾸는 슬픈 역설을 서사로 자주 활용합

니다. 영화 〈밀리언 달러 베이비〉에서 주인공 매기(힐러리 스
왱크Hilary Swank)는 돈만 밝히고 자신을 경멸하고 착취하는 어
머니와 동생들을 짊어지고, 자신의 트레이너 프랭키(클린트
이스트우드Clint Eastwood)를 아버지처럼 여깁니다. 인정받고 싶
어 몸부림치고, 의존하고, 서로의 사연을 알아가고, 승리를
쟁취해나갈 때 함께 기뻐하는 이야기를 따라가다 보면 이들
을 가족으로 보지 않을 방법이 없습니다. 영화 중간부터 매
기가 링에 오를 때 관중들이 외치는 말, 고대 게일어 '모쿠슈
라Mo Chuisle'가 등장하는데 그 의미는 마지막 부분에서 프랭
키에 의해 밝혀집니다. 바로 '소중한 나의 혈육'이라는 뜻입니
다. 사고로 몸을 움직일 수 없게 된 매기가 프랭키에게 죽음
을 부탁하고, 프랭키가 그 부탁을 들어줌으로써 둘은 우리가
묘사할 수 있는 경계를 넘어선 관계가 됩니다.

도대체 가족이란 무엇일까요. 예수는 어머니와 동생들이
자기를 찾아와 기다리고 있다는 말에 이렇게 대답했습니다.

누가 나의 어머니이며, 누가 나의 형제들이냐? (…) 하늘에 계
신 내 아버지의 뜻을 따라 사는 사람이 곧 내 형제요 자매요
어머니이다.[*]

* 《새번역 성경》, 〈마태복음〉 12장 48~50절.

이 장면에서 과연 예수가 기존의 정상가족을 확장한 것인지 대체한 것인지는 알 수 없습니다. 다만 가족은 **혈연 이상의 무엇**이고, 지향하는 **가치**의 공통점이 중요하다는 점은 알 수 있습니다. 어떤 가치를 공유한다면 누구라도 가족이 될 수 있다는 것입니다. 반대로 그러한 가치의 공유가 도무지 없다면 가족은 가장 고통스런 관계가 될 수도 있겠지요. 마지막으로 "누가 나의 어머니이며, 누가 나의 형제들이냐"는 질문이 제기된다는 사실에서 알 수 있는 건, 결국 가족이 **관계의 이상적 유비**로 남아 있다는 점입니다. 가족은 다시 정의될지언정 여전히 가족입니다. 참사의 유가족들은 또 다른 유가족들을 "서로 위로하고 공감하고 같이 슬퍼할 수 있는 가족"이라고 말합니다. 가족이란 단순히 선택한 적 없는 혈연 집단에 머무는 것이 아니라, 어떤 인연이든 함께 삶을 빚어간 사람들과 그들의 상실이 비탄을 가져오리라는 것을 예감하고 있는 사람들이 얽힌 관계의 총체입니다.

가족에 대해 생각하자면 끝이 없습니다. 그런데도 계속 생각하게 되는 것이 가족입니다. 어쩌면 가족은 신이 우리에게 이기심과 이타심의 복잡함, 인간의 한계를 가르치고자 만들어낸 집단인지도 모르겠습니다. 우리가 이타심의 경계를 다시 설정하는 방법을 배워나가기를 바라면서요.

딸: 일기들

2012년 3월 어느 날

딸이 22개월 쯤 되었을 때 나는 하와이에 남고 딸과 아내 둘이서 한국을 방문한 적이 있었다. 한 이틀 후 영상통화를 하고 나서 딸이 아빠한테 가겠다고 울었다고 한다. 아내의 전언에 따르면, 하도 울어서 딸을 데리고 밖에 나갔더니 딸이 오른쪽으로 몇 분, 왼쪽으로 몇 분 걸은 후 형언할 수 없이 절망적인 표정을 짓고서는 조용히 집으로 들어오더니 그때부터 나를 찾지 않더라는 것이다. 그 후로 딸은 영상통화를 해도 "저건 가짜 아빠야"라고 말하고는 다가오지 않았다.

하와이로 돌아오던 비행기에서 착륙할 때쯤 되어 하와이의 풍광이 보이니 딸이 "아. 빠?" 하더란다. 공항에서 딸과 아내가 나오는

108

모습을 보고서, 어리석은 나는 아내와 인사하며 짐부터 받아서 끌었다. 그때 짐 뒤에서 아내의 손을 잡고 따라오며 옅은 미소를 짓고 있던, 짐가방보다 작던 딸의 모습을 잊을 수가 없다. 횡단보도 위에서 짐을 팽개치고 딸을 끌어안았다.

2013년 12월 4일

오후에 딸이 보고 싶어 영상통화를 하다가 무심결에 저녁때 보자고 인사하고는 전화를 끊었다. 밤 11시가 넘어 집에 들어왔는데 평소에는 잠들어 있을 딸이 깨어 있었다. 방에 들어가 이메일을 체크하고 오늘의 마지막 일들을 처리한 후 씻을 때까지 딸은 눕지 않았다. 잘 준비가 끝나니 옆에 나란히 누워 내 손을 잡고 한참을 속삭였다. 그리고 내가 너무 좋단다…. '숨소리 신공'으로 딸을 재우고 이 글을 쓴다. 형언할 수 없는 감정에 가슴이 터질 것 같다. 정말이지 시간이 이대로 멈추었으면 싶은 순간이다.

2014년 4월 2일

오늘 유치원에 딸을 데리러 가는 길에 자신의 딸을 안고 볼에 입을 쪽쪽 맞추는 중년의 아버지를 보고 절로 미소가 나왔다.

바야흐로 '딸바보'의 시대다.* 딸바보는 많은데 여성의 지위는 변한 게 없는 것 같다. 아마 나도 딸이 나이를 먹어감에 따라 그것을 느끼게 될 것이라 짐작한다. 그럼에도 나는 희망을 가져보려고 한다. 딸바보 아빠들이 '자기 딸'이 아니라 '여성'에 주목하는 사회를.

2014년 7월 14일

딸요병: 딸과 하루를 보내고 나서 다음 날에 겪는 피곤, 스트레스, 무력감의 총체. 일반적인 '요일병'과 달리 가슴이 아프거나 눈물이 나기도 한다….

2015년 10월 26일

진통제를 먹어가며 버텼던 일주일의 마지막인 토요일 저녁, 오후 6시 반쯤 집에 갔더니 딸이 울면서 달려와 "4시에 와서 산책한다더니 해가 다 져버렸잖아"라고 하면서 한참을 울었다. 그 울음에 떼쓰기가 아니라 서러움이 담겨 있어 딸을 안고서 한참

---

* '딸바보'라는 표현에 누군가를 비하하려는 의도가 없다고 하더라도 앞장 〈나의 언어, 우리의 언어〉에서 지적한 것처럼 조심해야 할 표현입니다. 제 안의 한계였던 사례로 남겨둡니다.

을 말을 잃은 채 등만 두들겨주었다.

위로만 해줄 일이 아니었다. 아이스크림 먹으러 가자고 했더니 잠시 생각하다 내 뺨을 쓰다듬는다. 오케이다. 아이스크림 가게에서 바닐라 아이스크림을 맛있게 먹는 딸을 보다가 문득 놀이공원 야간 개장이 생각나서 검색해보니 운영 시간이 밤 10시까지다. 그래, 산책이다.

저녁 8시에 도착한 놀이공원은 다행히 운영 중이었다. 피곤해서 그랬는지 첫 번째 놀이기구를 타다가 바로 멀미가 나서 두 시간 내내 몸은 엉망이었지만, 강아지처럼 뛰어다니는 딸과 추억이 많이 쌓여 있는 놀이공원에서 함께한 밤은 참 좋았다. 어느새 키가 커 꽤 많은 놀이기구를 탈 수 있게 되었다는 사실도 새삼스러웠다.

꿈을 꾼 것 같은 가을밤이다. 나 같은 '시간 빈곤자'에게 신이 선물 하나를 건네준 것 같았다.

2016년 1월 18일

오늘은 딸을 유치원에 데려다주는데 딸이 나더러 2층까지만 오라고 한다. 이후로는 자기 혼자 올라가겠다는 것이다. "그러면 아빠가 혼난다"고 말하고 교실 앞까지 함께 갔는데, 상황을 설명하니 선생님께서 이제 딸이 초등학교 가는 연습을 하는 것이라고 한다. 그리고서 딸은 나더러 빨리 가라고 자꾸 나를 밀친다….

2년 전 처음 이 유치원에 데려다주던 날, 딸은 헤어지는 것이 못내 아쉬운지 나를 놔주지 않았고, 교실 앞에서 인사를 나누고서도 계단이 시작되는 복도 끝까지 쫓아와 손을 흔들곤 했다. 그 '안녕'이 점점 쉬워지더니 얼마 전에는 뒤도 돌아보지 않고 먼저 교실로 들어가기도 했다. 그리고 오늘이 왔다.

자식이 커간다는 것이 이런 거겠지. 어린 딸이 온전히 내 어깨 위에 있을 때는 그것이 힘들었는데, 조금씩 조금씩 내 어깨에서 내려가는 것을 보면서 형언할 수 없는 텅 빈 마음을 발견한다.

2016년 7월 6일

나는 K리그의 팬이고, 딸은 이미 내가 전북 현대모터스와 FC서울의 팬이라는 것을 잘 알고 있었고, 자신도 이 팀들의 팬이 되었다. 그런데 텔레비전 중계를 보다 보면 이따금 내가 다른 팀(인천 유나이티드, 대구FC, 수원FC 등)을 응원하는 걸 보고 약간 불만을 표시한다. 왜 다른 팀을 응원하냐고. 나는 대답한다. "왜냐하면 이 팀이 '약팀'이라서. 오늘은 전북보다는 인천이 이기는 걸 보고 싶네." 그러면 딸은 잠시 생각하다가 "그래. 그럼 나도 인천을 응원할게"라고 말하고선 텔레비전 앞에 가서 치어리더처럼 춤을 추며 "인천 이겨라"를 한참 외친다. 몇 번을 경험하더니 이제는 알아서 "아빠, 오늘은 어디가 약팀이야?"라고 묻는다. 그 질문이 참 고마웠다. 아빠의 마음을 이해해주어서 고마웠고, 좀 더 약한 존재를 배려하는 일의 가치를 이해해준 것 같아서 고마웠다.

2017년 7월 6일

놀자고 보채는 딸과 아프다는 핑계로 며칠을 건성으로 놀아주다가 미안한 마음에 주변 공원으로 산책을 나갔다. 비눗방울을 불고, 둘이서 '얼음땡' 놀이를 하고, 숨바꼭질도 하고, 나무에도 올랐다. 나무에서 내려오다 미끄러져 엉덩방아를 찧었다. 놀란 딸에게 괜찮다고 웃어 보였다. 딸이 갑자기 나를 끌어안더니 얼굴을 품에 묻고 한참을 가만히 있었다. 나는 잠시 놀랐지만 이내 알 수 있었다. 왜 그 마음이 전해지지 않겠는가. 단지 멋쩍어서 왜 그러냐고 물었다. 딸은 "그냥"이라고 대답했다….

그 순간의 저릿함이 아직도 가슴에 남아 있다. 그렇게 사랑스럽고 간절한 포옹을 언제 받아볼까 싶다. 내리사랑이라고들 하지만 그 말은 반만 맞는 것 같다. 내 작은 시늉에 돌려준 딸의 사랑이 삶에 대한 관념들을 흔든다.

2021년 1월 29일

어젯밤에 딸이 좀비가 떠올라 무섭다며 재워달라고 했다. 딸을 재우는데 딸이 내게 묻는다. "좀비는 왜 생기는 걸까? 아니, 지어낸 거라는 건 알겠는데 그런 게 왜 생기는 걸까?" 무슨 질문인지 알 것 같았다. 조심스러운 마음으로 대답해주었다. "세상 모든 일에 그것이 왜 생겼는지를 우리가 알 수 있는 건 아니야. 아빠 생각에는 '지금 여기서 무엇을 해야 할까'가 더 중요한 질문인 것 같아." 잠시 생각하더니 나를 꼭 끌어안는다. 고마웠다….

2021년 6월 21일

2021년 미국 아버지의 날Father's Day에 캘리포니아 새들백교회 예배 영상의 시작 부분에는 아버지와 아들, 딸의 모습들과 감사의 이유가 적힌 자막이 흐른다.

아빠에게

고마워요

나타나줘서

웃게 해줘서

상상력을 펼치게 해줘서

114

가르쳐줘서

새로운 것들을 배우게 해줘서

보호해줘서

기꺼이 해줘서

위로해줘서

너그러움을 보여줘서

영웅이 되어줘서

예수를 알게 해줘서

아버지의 날을 축하해요

잠들기 전 딸과 이 영상을 함께 보았는데 딸이 물었다. "아빠는 어떤 것 같아?" 얼버무렸다. "이런저런 거 하지 않았나?" 딸이 짧게 대답했다.

I don't think so.

아마도 가장 슬픈 날 중 하나로 기억될 것 같다. 좋은 아빠가 되겠다고 다짐하는 일은 할 수 있지만, 좋은 아빠가 되기 위해 행동하는 일은 쉽지 않았다. 좋은 아빠가 되기 위해 행동하는 일은 혼자 할 수 있지만, 좋은 아빠가 되는 것은 딸과 함께해야 하는 일이었다.

지난 몇 년 동안 버둥거리며 살아왔는데…. 막상 가장 소중한 존재로부터 F학점을 받으니 실감이 안 나는 건지, 슬프기는 한데 이상하게 그리 아프지가 않다.

주말도 없이 학교에 나와서 연구하며 살면 사람들은 나에게 대단하다고 말했지만, 이게 다 나 자신을 위해서 그런 것은 아닌지 의문이 들 때도 있었다. 그럴 때면 '아니지, 그저 나의 본분일 뿐'이라고 속으로 생각하며 이를 악물었다. 국립대에서 일하며 받는 국록을 생각하면 더 열심히 살아도 모자르다고 스스로 생각했다.

I don't think so.

이렇게 일이 손에 잡히지 않을 것 같으면 차라리 집에서 딸과 놀아주기라도 할 걸 그랬다. 결국 오늘도 밤늦게나 귀가할 것이 분명하다. 그리고 어느 날 말하겠지. "다 우리를 위한 거였어." 그리고 딸은 대답하겠지.

I don't think so.

2022년 5월 12일

나: 딸, 딸은 아빠가 필요해?

딸: 필요하지.

나: 얼마나 필요해?

딸: (아빠가) 죽을 때까지.

나: 에혀….

딸: 아빠는 나 얼마나 좋아해?

나: 음? 그야….

딸: 그것과 같은 거야.

2024년 6월 7일

감히 416합창단 최고의 곡이라 할 만한 〈너〉에 대해 많은 이가 "열여덟 수학여행 간다고 짐 싸며 들떠 있던 너"라는 가사가 흐르는 부분, 그 가사 이후 노래가 잠시 텅 비는 부분, 그러니까 그 삶이 거기서 멈추었다는 걸 상징하는 부분을 가장 아픈 부분으로 꼽는다. 나 역시 거기가 가장 아프다.

언제부터인가 이 부분 직전에 나오는 "열여섯 방문을 닫고 음악을 크게 틀던 너"와 "열여덟 수학여행 간다고 짐 싸며 들떠 있던 너"의 사이가 점점 아파온다.

딸이 어느새 본격적인 사춘기에 접어들면서, 어쩌면 사춘기는 이미 왔지만 지금껏 나를 배려하다가 이제는 자신의 변화를 숨기지 않기로 결심하면서, 이제 예전과 같은 시간은 없다는 것을 받아들여야 할 때가 나에게 찾아왔다. 어쩌면 진심으로 "아빠 사랑해"라는 말을 들을 수 있는 순간은 내가 하얀 재로 돌아갔을 때뿐일지도 모르겠다는 생각이 든다. 이제 딸은 내가 그러했듯이 주변의 사람들을 사랑할 것이고, 위대한 사상들에 빠져들 것이고, 세상의 모순에 아파할 것이다. 그 모든 것은 한 사람의 마음을 채우고도 남을 것들이라 딸의 마음속에 나의 자리는 없어질 것이다. 내 아버지가 나에게 그러했듯, 나 역시 딸에게 공기가 되어갈 것이다.

〈너〉를 들으며 머리를 감싸 쥔다. 방문을 닫고 음악을 크게 틀어버리던 열여섯의 아이들이 열여덟에 수학여행을 가서 하늘의 별이 되어버리기까지 그 2년은 떠나버린 아이들과 떠나보낸 부모들이 서로를 힘들어하던 시기였을지도 모른다. "열넷 은행잎을 주워 선물이라고 내밀던" 아이의 모습을 그리워했던 시간이었을지도 모른다. 그리고, 갑자기 아이들이 떠나버린 것이다. 말 건넬 기회를 주지도 않은 채….

이제 내가 그 시기에 이르니 이 짧은 가사 속의 2년이 한없이 아프다. 열여덟에 노래가 멈춘 것만큼이나, 조금씩 커나갔기에 조금씩 떠나보내야 했을 그 2년이.

딸을 생각할 때 가장 가슴 아픈 기억은 많은 시간을 함께 보내지 못했던 날들이 아니라 수많은 시행착오였습니다. 부모는 사랑만으로 완성되지 않습니다. 성장해가는 딸을 교육하는 저 역시 불완전한 인간, 부모 노릇을 처음 해보는 인간이었습니다.

딸은 처음부터 딸이었습니다. 딱 그의 엄마와 제가 심어준 그 모습 그대로 성장했습니다. 딸에게서 제 모든 장점과 단점을 발견합니다. 아니, 제가 가진 단점들은 보이지 않으나 제가 가지지 않은 장점들이 보입니다. 벤 폴즈Ben Folds의 노래 〈스틸 파이팅 잇Still Fighting It〉에는 이런 가사가 나옵니다.

잘 잤어 아들?
지금부터 20년쯤 지나면
함께 앉아서 맥주를 마시고 있겠지
그때 너에게 오늘에 대해 말할 수 있겠지
어떻게 너를 만났고 모든 것이 달라졌는지
아팠어
화창한 날과 비오는 날
너도 그렇게 되겠지

너는 나를 참 많이 닮았어

미안해

이 노래를 처음 함께 들을 때 울음을 터뜨리던 딸에게 고
마웠습니다. 무엇이 딸의 감정을 건드렸는지는 묻지 않았습
니다. 그저, 충분했습니다. 딸은 제가 어쩌지 않았더라도 지
금처럼 아름답게 성장했을 것입니다. 딸을 타자로 바라보았
던 날, 비로소 딸을 '너'로서 사랑하기 시작했습니다. 이제 저
를 타자로 바라볼 날의 딸을 기다립니다. 어쩌면 이미 그렇
게 바라보고 있는지도 모르겠네요.

어느 별이 되었을까

저에게는 딸이 하나 있습니다. 제 인생 가장 큰 행운이지요. 사람들은 묻습니다. "왜 하나만 낳았어? 더 낳지." 그럴 때면 그저 살며시 웃곤 했습니다. 그리고 아무 말도 하지 않았습니다. 저출생이 이슈가 되었고 저 질문이 약간의 질책으로 들리기 시작하면서 비로소 간략하게 말하기 시작했습니다. "저에게는 아이가 셋 있었어요. 한 아이는 태어나서 잘 크고 있고, 나머지 둘은 유산되어 만나보지 못했습니다. 어느 별이 되었을까 궁금해요."[*]

[*]   이 장의 제목이기도 한 "어느 별이 되었을까"는 다음 곡의 제목에서 따왔습니다. 이건범 작사, 이현관 작곡, 416합창단 노래, 《어느 별이 되었을까》, 2020. KOMCA 승인필.

2012년 11월 21일

둘째 아가의 태명을 은총이라고 지어주었다. 초음파로나마 빨리 보고 싶다….

2012년 12월 1일

축하해주신 모든 분께 다시 한번 감사합니다. 은총이는 가슴에 묻고 가게 되었습니다. 너무 마음 아프지 말라고 일찍 가버렸나 봅니다. 천국에서 보겠지요….

2013년 2월 1일

가끔 은총이가 생각난다. 까마득한 일 같은데 날수로는 얼마 되지 않았다. 그 생명의 작은 심장을 초음파로 보지 않았다면 덜 생각났을까? 스스로 정당화하듯 수술이 잘 되었다며 시험관에 누운 '바알간 핏덩이'를 의사가 귀찮은 듯이 보여주지 않았다면 나았을까?

갓난아기를 볼 때마다 부질없는 상상들이 스쳐 지나간다. 그를 위해 미처 해주지 못한 기도가 떠오른다. 어디서 만날까. 무슨 이야기를 할 수 있을까. 딸인지 아들인지조차 모르니 상상을 이어가기도 어렵다. 그것이 다행인지도 모르겠다.

첫째가 나에게 생명의 기쁨을 알게 해주었다면, 은총이는 나에게 생명의 무게를 알게 해주었다. 한 깃털이 날아와 잠시 내 가슴에 앉았다가 날아간 듯했는데, 시간이 갈수록 깃털의 잔털한 올 한 올까지 다 가슴에 인 찍혀 남아 있는 것만 같다.

보고 싶다. 너는 무슨 이야기를 하고 싶었던 거니.

2016년 4월 9일

나는 아직 둘째 아이가 없다. 정확히 말하면 셋째가 없다고 해야 할 것이다. 둘째는 있었으니까. 2012년 초겨울, 불과 몇 주 세상에 머물렀던 은총이를 잃으면서, 그리고 한 생명의 흔적이 물리적, 의학적으로 지워지는 과정을 목격하면서 나에게는 모종의 두려움이 생겼는지도 모르겠다.

어떤 이는 초기 몇 주는 생명이 아니라고 할지도 모른다. 어떤 이는 큰일 날 소리라고 할지도 모른다. 종교와 과학, 인권의 복잡한 논의들을 떠나 아이를 먼저 보낸 아비의 입장에서 유일하게 분명한 것은 나의 아이는 심장이 뛰고 있었다는 사실 하나다. 그 아이가 아직까지는 단지 생물학적 기계일 뿐이든 아니든 상관없다. 나는 이 영혼이 어디로 갈지에 대해 심각하게 고민하지 않을 수 없었다. 신학도 답을 주지 못했다. 아무것도 확신할 수 없는 캄캄한 세계를 바라보다 긍휼을 베푸는 신을 의지하고 그냥 하늘나라에서 은총이를 만나기로 했다.

나를 무참히 흔드는 것은 사라진 혹은 박탈당한 가능성에 대한 민감함인 것 같다. 최근(2016년) 한국 사회를 강타하고 있는 아동 학대, 영아 유기, 자녀 살해 후 자살, 그리고 4월 16일의 그날까지…. '은총이가 그때 태어나 지금 자라고 있다면'이라는 가정, 그 가정으로부터 흘러나오는 하늘 가득한 하나의 가능성이 사라졌다는 경험이 작금의 상황들에 감정이입을 일으킨다. 그것이 개인의 폭력 때문이든 사회의 무능력 때문이든, 도저히 비교할 수 없는 소중한 가능성들이 사라진 것이다.

나는 여전히 혼란스럽다. 나는 은총이를 안아보지 못했다. 그 아이가 하는 말도 들어보지 못했다. 그래서 어쩌면 아무렇지도 않은 듯이 살아올 수 있었는지도 모른다. 애정은 남아 있으나 추억이 없다. 이것이 가장 괴롭다. 나중에 다시 만나 "네가 은총이구나"라고 인사해야 할 때, 나는 무슨 말을 해줄 수 있을까. 그러나 바로 이 **아무렇지도 않음**이 가능성을 상실한 수많은 타인을 향해서도 다르지 않다는 걸 깨달을 때면 혼란은 당혹감이 된다.

이 글을 쓰면서 눈물을 훔치느라 몇 번씩 글을 멈춘다. 나는 우리 사회가 어린 생명을 존중하는 사회가 되길 간절히 바라고,

그들이 안전한 상황에서 잉태되고 태어나고 자랄 수 있기를 바라고, 지인들이 각자 할 수 있는 일들을 해주기를 기대한다. 스러져간 생명들을 애도조차 해줄 줄 모르는 사회는 사회가 아니다. 그들이 스러져가도록 외면하는 사회도 사회가 아니다. 마음의 잔인함은 적절한 수단이 주어졌을 때 어떤 광기로 이어질지 알 수 없다. 작은 생명은 단지 더 존중받아야 한다. 우리는 그저 사랑해야 한다.

2023년 8월 11일

바다 위 별. 나의 셋째. 오직 초음파로만 만난 생명. 해성이가 왔음을 처음 알았을 때 나는 가족을 제외하고 다른 사람들에게 알리지 않았다. 은총이와 아픈 기억이 있었기에.

해성이는 좀 늦게 왔다. 반가움과 당혹감이 교차하는 상황에서 찾아온 해성이를 바라보는 마음의 복잡함을 알아챘던 것일까. 해성이는 잘 알겠다는 듯이, 미안하다는 듯이, 아무 말도 없이 너무도 빨리 곁을 떠났다. 의사가 해성이의 마지막 초음파 사진을 건네주며 받겠냐고 물을 때 나는 차마 그것을 받지 못했다. 지금은 후회하지만 기억이 물성을 입는 것이 두려웠다.

해성이. 나의 절대적 타자. 내 마음에 대한 반응을 느낄 수 없는 절대적 존재…. 만난 적이 없어 꿈에서조차 만날 수 없는 존재.
나는 그를 그리워할 자격이 없다. 그 손을 잡아보고 싶다. 해성
이를 생각할 때면 번번이 무너진다.

2024년 8월 8일

어제는 〈인사이드 아웃 2〉를 보면서 딸을 떠올리며 눈물이 났
다. 오늘 아침에는 그 딸과 마주 보며 밥을 먹다가 눈물이 났다.
학교로 가는 차 안에서 마침 416합창단 1집에 수록된 〈어느 별
이 되었을까〉가 귀에 들어왔다. 파도의 일렁임처럼 오르내리는
피아노 연주에서 차갑고 텅 빈 하늘에 울리는 듯한 아이리시 피
리의 연주로 이어지는 전주가 나오자 또 눈물이 났다.

어느 별이 되었을까

무슨 생각 하고 있을까

새벽이 일렁이는 저 바다에

사랑하는 내 별이 뜬다

가사를 듣다가 문득 세상에 태어나지 못했던 내 아이 해성이가
생각났다. 8주를 머물고 간 바다 위 별이라는 이름의 아이와, 18년
을 머물고 바다 위 별이 된 아이들을 생각하다가 신호등 앞에서

울음이 터졌다. 차마 비교할 수도 없는 두 아픔. 해성이는 상실을 말하기에조차 너무 작았지만, 그래도 부모들이 불러준 노랫소리에 잠시 기대고 싶었다. 난 어쩌다 그리 빨리 이름을 지어주었던 것일까. 노래 속의 피리 소리가 너무 시리다.

2024년 10월 29일

지난 3일 416합창단 기획공연에서 〈어느 별이 되었을까〉가 어둑한 경동교회 예배당에 울릴 때 깨달았다. 온도가 높은 데서 낮은 데로 흐르듯이 위로도 '있음'이 '없음'에게 건네는 것이 아니었다.* '작은 없음'이 '큰 없음'에 건네는 것도 아니었다. 그것은 동정이다. 위로는 '없음'이 '없음'에게 건네는 것이었다. 10·29 이태원 참사로 딸을 잃은 한 어머니는 이렇게 말했다.**

다른 아픈 이들을 돌보고 위하는 삶을 살 거예요.

비어 있는 마음들은 비어 있어서 서로 닮았다.

---

* '있음'과 '없음'을 이렇게 쓰는 것은 1장 〈마음의 거리〉에서 인용했던 신형철의 《정확한 사랑의 실험》에서 따왔습니다.
** 10·29 이태원 참사 작가기록단·김혜영, 《참사는 골목에 머물지 않는다》, 창비, 2024.

4장

시민이라는 타인

늦게 만난 세계

삶이란 태어나기 전 엄마의 품 안이라는 작은 세계로부터 시작되어 하나하나 새로운 세계를 발견해나가는 여정입니다. 발달장애인 공동체 '사부작'의 활동가 이남실이 쓴 시 〈너〉에는 처음 마주하는 세계들이 차례로 등장합니다. 태어나던 날, 비록 기억에는 없지만 처음 잡아본 내 몸 바깥의 엄마라는 세계. 세 살 적 기차 창밖으로 내다보던 세계. 어떤 세계는 누군가와 함께 마주합니다. 일곱 살에 보았던 만발한 벚꽃. 열 살에 엄마와 함께 본 노을. 그리고 어떤 세계는 다시 만나기도 합니다. 아이돌 그룹 소녀시대의 〈다시 만난 세계〉라는 곡에는 이런 가사가 나옵니다.

전해주고 싶어 슬픈 시간이 다 흩어진 후에야 들리지만
눈을 감고 느껴봐 움직이는 마음 너를 향한 내 눈빛을
특별한 기적을 기다리지마 눈 앞에 선 우리의 거친 길은
알 수 없는 미래와 벽 바꾸지 않아 포기할 수 없어 (⋯)
언제까지라도 함께하는 거야 다시 만난 나의 세계
이 순간의 느낌 함께하는 거야 다시 만난 우리의*

어떤 세계는 갑자기 끝나기도 합니다. 2014년 4월 16일에 저물어간 304개의 세계가 그러하지요. 그 세계들이 저에게는 너무 **늦게 만난 세계**였습니다. 참사 10주기가 되는 2024년 상반기에는 참 많은 추모 행사가 열렸습니다. 대한민국에서 세월호 참사의 무게감을 생각하면 놀랄 일도 아닙니다. 오히려 어떤 이들에게는 "아직까지도 기억하는 이들이 이렇게 많구나"라며 다른 의미로 놀랄 일이었는지도 모르겠습니다. 저는 이 세계를 '520번의 금요일'**이 지나고 나서야 비로소 만났습니다.

---

* 김정배 작사, KENZIE 작곡, 소녀시대 노래, 〈다시 만난 세계〉, 2007. KOMCA 승인필.
** 《520번의 금요일》은 416세월호참사 작가기록단이 10년 동안 쌓인 세월호참사가족협의회의 사연을 참사 10주기를 맞아 구술 기록으로 담아낸 책입니다. 1년이 52주이니, 10년이면 520번의 금요일이 됩니다. 금요일은 단원고 등학교 학생들이 수학여행에서 돌아오기로 예정된 날이었습니다.

2024년 4월 7일 오후 6시 416생명안전공원 부지에서 있었던 세월호 참사 10주기 기억예배에 참석하려고 홀로 안산 화랑유원지에 갔습니다. 저는 드넓은 유원지에서 예배 장소를 찾지 못해 헤매다가 깨달았습니다. 이미 6년째 진행되었던 이곳의 예배를 이제야 처음, 아는 사람도 없이, 혼자 참석하러 왔다는 사실을요. 네모난 유원지의 남동쪽 끝자락, 언덕배기에 위치한 단원고등학교가 보이는 그 부지, 이미 추모와 학습을 위한 공원이 들어섰어야 할 그곳에서 예배를 드리던 작은 무리가 참사의 기억을 이어오고 있었습니다. 거기에는 참사를 직접 겪은 **첫 번째 사람**들도 있었고, 그들에 대해 말하고 노래하고 기억한 **두 번째 사람**들도 있었고, 그들을 바라본 **세 번째 사람**들도 있었습니다.[*] 저는 10년의 시간, 520번의 금요일이 지나고서야 비로소 이분들에게 한 걸음쯤 다가서 볼 수 있었습니다. 저는 **520번째 사람**이었습니다.

윤동주의 시 〈참회록〉은 이렇게 시작합니다.

파란 녹이 낀 구리거울 속에

[*] '첫 번째 사람' '두 번째 사람'이라는 표현은 시인 심보선이 시를 "두 번째로 슬픈 사람이 첫 번째로 슬픈 사람을 생각하면서 쓰는 것"이라고 말한 것을 장애연구자 고병권이 《경향신문》 칼럼 〈두 번째 사람 홍은전〉에서 인용한 데서 배웠습니다.

내 얼굴이 남아 있는 것은

어느 왕조의 유물이기에

이다지도 욕될까

나는 나의 참회의 글을 한 줄에 줄이자

— 만 이십사 년 일 개월을

무슨 기쁨을 바라 살아왔던가

520번의 금요일이 지났다는 사실 앞에서 탄식했습니다. 이분들이 가장 외로웠을 시기, 가장 힘들었을 시기, 가장 혼란했을 시기가 어느새 흘러갔습니다. 진도 팽목항에서 하염없이 울던 유가족들이 돌덩이처럼 단단하면서도 노래처럼 자유로운 시민이 되어 우리 앞에 서 있는 모습을 볼 때면 고마움과 미안함이 차오릅니다. 10년 전 사진 속에서 젊은 그들은 지금 머리가 희끗희끗합니다.

타인과의 거리를 좁히는 일은 마음만으로 되지는 않습니다. 제가 드넓은 화랑유원지에서 416생명안전공원 부지를 찾아 헤맸듯이, 그 전에 그 자리에서 예배가 드려지고 있다는 사실부터 알아야 했듯이, 마음에는 계기가 필요합니다. 아마도 많은 이가 연대가 필요한 이들을 보면서 어떻게 힘을 보낼 수 있을지 알지 못해 망설이고 있을 것 같습니다. 이제

와서 자기가 할 수 있는 일이 무엇인지 잘 보이지 않을 수도 있습니다. 어쩌면 그 길이 보여도 자신을 그 길 위로 이끌어줄 바로 앞 519번째 사람을 아직 만나지 못해서일지도 모릅니다.

저의 519번째 사람이 되어준 특별한 이들이 있습니다. 416합창단입니다. 그 존재 자체가 놀라운 공동체입니다. 세월호 참사 유가족들과 시민들이 매주 월요일 밤에 모여 음식을 나누고, 노래를 연습하고, 그 주에 생일을 맞이한 희생자들을 기억하는 시간을 가집니다. 이들은 2022년 10·29 이태원 참사, 2024년 아리셀 공장 화재 참사와 같이 또 다른 참사의 희생자들, 1995년 삼풍백화점 붕괴 참사와 같이 2014년 이전에 발생했으나 사회적 애도와 위로의 과정을 오롯이 거치지 못하고 사람들에게 잊혀진 참사의 희생자들과 포옹합니다. 다양한 사람들과 공동체들이 요청하는 공연이 한 해에 50회가 넘는 합창단. 음악 전공자들로 시작한 것이 아니라고 "이제는 노래도 잘해"라고 뻔뻔스럽게 말하는 합창단. 노래하는 시간 빼고는 거의 무언가를 먹고 있어서 '먹방 집단'이라는 애칭이 붙은 합창단. 저에게는 수식어 없이 '합창단'이라고만 하면 이 세상에 존재하는 수많은 합창단 가운데 바로 이 합창단을 의미합니다.

《520번의 금요일》에는 2015년 평화의나무합창단 공연 기획에 얽힌, 416합창단의 시작에 관한 이야기가 나옵니다.

공연이 끝난 다음 주 월요일, 평화의나무 단원 최철호 씨는 종일 마음이 이상했다. 이제 더 이상 안산에 가지 않아도 된다는 게 전혀 홀가분하지 않았다. 유가족들이 '이 사람들, 공연 끝나니까 발길 딱 끊네' 하며 서운해하는 건 아닐까. ○○ 엄마, ○○ 아빠는 뭐하고 계실까? 궁금하고 걱정되고 무엇보다 보고 싶었다. 그는 퇴근 후 안산으로 향했다. 대기실에 도착해 보니 마치 의논이라도 한 것처럼 평화의나무 단원들 여럿이 더 와 있었다. 모두 최철호 씨 같은 마음이었다. "우리 계속 올까요?" 누군가 묻자 유가족들이 수줍게 그래 주면 좋겠다고 대답했다. 그때부터 416합창단은 유가족과 시민단원이 함께하는 새로운 형태의 합창단이 되었다.

세 번째, 네 번째 사람들도 그때는 520번째의 저와 많이 다르지 않았나 봅니다.

ㅇ요

안산에 위치한 416기억교실은 단원고 2학년 교실 열 개를 416민주시민교육원 2, 3층에 복원한 공간입니다. 부모와

학생 들에게는 그저 복원된 공간이겠지만, 단원고의 원래 교
실들을 보지 못한 이들에게는 늦게 만난 세계입니다. 실제로
3층에 복원된 2학년 1반에서 6반까지(인문사회과정 학급) 복
도에 처음 들어섰던 순간, 그 현실성에 흠칫 놀라 화장실로
도망가 심호흡부터 해야 했습니다. 교실 안에는 희생자들의
사진과 이름, 꽃, 기억 노트 등이 각자의 책상 위에 있었고,
칠판에는 학생들을 향한 메시지가 가득 적혀 있었습니다. 아,
교실이 이렇게 작았구나. 책상도 어쩌면 이리 작을까. 시간표,
수도권·전국 대학 배치도, 거울, 청소 도구, 멈춰 있는 시계….
모든 것이 바래져 있었습니다. 바랜 만큼 늦게 만난 세계였습
니다.

　늦게 만난 세계를 마주할 때 조심할 지점이 있습니다. 세
월호 참사를 함께 기억하려는 사람들, 그들의 작품을 보면
시선이 2014년에 머물러 있다는 느낌을 받을 때가 있습니다.
유가족과 피해자들은 이미 당시의 비탄과 절망을 넘어 꽤 멀
리 가 있습니다. 특히 생존 학생들은 열여덟 살의 고등학생에
서 30대를 코앞에 둔 사회인이 되었습니다. 그들은 이미 소녀
시대의 노래처럼 "특별한 기적을 기다리지 않고, 눈앞의 거친
길"을 지나왔습니다. 그럴 때면 생각합니다. 슬픔을 당한 타
자를 대할 때는 나의 시선이 그의 삶 어디 즈음에 머물고 있
는지를 돌아봐야 한다는 것을. 끊임없이 예민하게 생각하지

못하면 그들과 올바르게 함께할 수 없다는 것을. 과거의 그들이라면 저를 환영할지 모르지만, 현재의 그들이라면 그 마음은 고마워할지 몰라도 거기서 힘을 얻지는 못할 것 같습니다. 문제가 달라져 있기 때문입니다.

520번째 사람이 해야 할 첫 번째 일은 **현재의 그들을 바라보는 일**입니다. 그러다 보면 운 좋게도 미래의 그들을 바라보는 역할을 나누게 될지도 모릅니다. 그렇다면 520번째라고 해도 아주 늦지만은 않았을지 모릅니다.

공익활동단체 '빈곤사회연대'의 활동가 김윤영은《가난한 도시생활자의 서울 산책》에서 아래와 같이 고백했습니다.

누군가의 삶이 위태로울 때 바로 옆 내 삶은 그토록 평온했다는 것이 두렵다. 타인의 희생 위에 만들어진 평화는 가짜일 텐데, 이 평화를 의심 없이 즐겼던 시간은 진짜로 달콤했기 때문이다.

늦게 만난 세계는 늘 우리를 깨웁니다. 익숙했던 세계는 여전히 사랑스럽고, 새로운 세계는 아직 낯설고 두렵지만, 알면 알수록 두 세계는 공존해온 세계라는 것을 알게 됩니다. 당연하지요. 지구는 하나니까요. 모든 인간사란 이 지구 위에서 벌어져 왔으니까요. **하나의 세계**입니다.

그래서 모든 늦게 만난 세계는 다시 만난 세계입니다. 우리가 그 세계를 의식적으로 거부하든, 조심스레 다가가든, 와락 끌어안든, 이미 주어진 세계입니다.

잘 왔어. 어서 와.*

---

* "어서 와"는 2024년 10월 19일 416생명안전공원 부지에서 열린 '함께 기억하는 416생명안전공원 시민 문화제'의 제목입니다.

인간, 자연, 그리고 거리

미국 서부 로키산맥의 거친 산과 사막은 사람을 첫눈에 반하게 만듭니다. 가장 유명하기도 하고 규모도 압도적인 그랜드캐니언도 좋지만, 우락부락하고 거대한 사암층이 햇빛을 받아 금빛으로 빛나는 자이언캐니언을 특히 좋아했습니다. 거대한 화강암들이 절벽을 이룬 요세미티계곡은 마치 천국의 입구 같은 느낌을 줍니다. 캘리포니아의 세코야국립공원은 이 와중에도 특별했습니다. 누군가 저에게 '쉼'이 무엇인지 정의해보라고 하면 천상의 기둥들 같은 세코야나무들의 숲 한가운데서 시원한 바람을 맞으며 깜박 잠이 들었던 순간을 말해줄 참입니다. 반대로 황량한 평야와 언덕에 붉은빛의 거대한 퇴적암들이 여기저기 구름다리 모양으로 깎여 있는 아치스국립공원의 뜨거운 오후에 그 아치형 바위 아래 서 있으면 고독감과 두려움을 잔뜩 싣고 불어오는 자유로운 바람에 몸이 떨리곤 했습니다. 그 자유는 삶보다는 죽음과 더 맞닿아 있는 자유였습니다.

자연은 무심하면서도 그 무심함을 끊임없이 생각하게 하는 타자입니다. 해 지는 저녁 오대산 월정사 앞 계곡에서 들려오는 소리에 깨달았습니다. 계곡의 물소리는 하나가 아닙니다. 수많은 크고 작은 소리가 있습니다. 빨리 흘러내려가는 소리가 마치 교향악단의 바이올린처럼 가장 크게 들리긴 하지만, 물이 물가에서 맴도는 소리, 바위에 부딪치는 소리, 부딪치면서 주기적으로 물방울이 튀어 오르는 소리들이 많은 물소리를 만들어냅니다. 이 많은 물소리를 듣다 보면 본능적으로 의미를 부여하고 싶어지지만 이들은 불협화음도 협화음도 아닙니다. 그저 같은 공간에서 그 공간을 잘게 나누어, 동시에 저마다 존재합니다. 함께 있는데 각자의 소리를 낼 뿐입니다. 이 소리들은 자유롭습니다. 아니, 이 소리들은 인간 너머에 있습니다. 소리를 듣고, 구별하고, 의미를 부여하는 건 어떤 자리에 서 있는 인간입니다.

자연은 수많은 법칙으로 직조되어 그것들을 통해 끊임없이 비슷비슷한 현상들을 재생산합니다. 밀려오는 각각의 파도는 매번 다른 모습이지만 파도 자체는 영원히 반복됩니다.

그 법칙들이 하도 복잡하여 우리 눈에 변화무쌍하게 보일 뿐 자연은 늘 그대로입니다. 자연이 변화무쌍해 보이는 것은 자연 자체의 특성이라기보다는 우리의 '통제 가능성으로부터 벗어나 있다'는 인간의 인식 때문인지도 모릅니다. 우리가 통제할 수 있는 한 자연은 순환하는 것처럼 보일 것이고, 우리가 통제할 수 없는 영역에서 자연은 변화무쌍하게 보이는 것이지요. 이 변화무쌍은 자연 속에서 살아가는 생명들에게는 삶과 죽음을 주관하는 자애로운 폭군일 것입니다. 변화무쌍한 자연은 혹독합니다. 자연이 아름다운 것은 우리가 그 자연을 떠나 문명으로 돌아올 수 있을 때뿐입니다.

이런 자연에서 **거리**를 배웁니다. 인간과 인간 사이에서 거리를 배우기는 참 어렵습니다. 둘 다 동시에 움직이는 존재이기 때문입니다. 반면 자연은 상대적으로 늘 거기 있으면서도 적당히 변합니다. 안정감과 궁금함을 동시에 유발합니다. 우리에게 다가옴을 허락하지만 일정 이상의 가까움은 인간이 먼저 감내하지 못합니다. 무심한 자연은 안도감과 두려움을 동시에 주는 타자입니다.

자연과 인간의 거리가 절묘한 균형을 유지하는 하와이에

서 두 해를 살았습니다. 아침이면 밤새 내린 스콜 덕에 하늘은 화창하고 공기는 선선합니다. 오후가 되면 뜨거운 공기와 햇살에 건물 안이나 그늘을 찾게 됩니다. 저녁이면 석양과 바람과 파도와 루아우Lū'au*가 있는 와이키키해변을 산책합니다. 밤이 되면 후두두 내리는 빗소리를 들으며 일하다 잠이 듭니다. 하와이대학교 캠퍼스에서 집까지 걸어가는 20분 거리의 퇴근길은 몇 시간을 달려 일부러 찾아가는 그 어떤 등산로도 부럽지 않은 길이었습니다. 주말이면 호놀룰루가 있는 오아후섬의 동쪽으로 드라이브를 갑니다. 마카푸우포인트 절벽 위, 제 몸을 세포 단위로 통과하는 듯한 바람을 맞으며 에메랄드 빛깔의 바다를 내려다보고 있으면 일주일간 쌓인 모든 시름이 달아나곤 했습니다.

그런 하와이에서 하는 농담이 있습니다. 사람이 살기 좋은 곳은 바퀴벌레와 병균도 살기 좋다고. 밤에 집에서 개울 위 다리를 건너 식료품점에 갈 때, 바닥에 까맣게 바글바글 모여 있던 바퀴벌레들을 잊을 수 없습니다. 하와이에서는 이유 없이 아플 때가 잦습니다. 가을이면 최남단 빅아일랜드의 활화산이 내뿜은 재를 머금은 남동풍이 불어와 호흡기를 자

---

* 하와이의 전통 축제에 뿌리를 둔 공연입니다. 식사, 훌라 춤, 노래, 불 쇼 등이 진행됩니다.

극합니다. 사방이 바깥과 통해 있는 하와이의 자연친화적 집들에서는 갖은 빛깔의 작은 게코 도마뱀들이 벽과 냉장고를 기어다니며 바퀴벌레들을 사냥합니다. 한국의 관광객들에게도 유명한 '새우 트럭'에서 코코넛크림새우를 사다가 탁 트인 공원에서 먹고 있으면 파리들이 수없이 날아듭니다. 그 주위로 커다란 공작새와 닭 들이 한국의 비둘기마냥 돌아다니는 걸 보면 이곳이 영화 〈쥬라기 공원〉을 촬영한 섬이라는 사실이 새삼 떠오릅니다.

하와이에는 섬 열병island fever이라는 말이 있습니다. 태평양 한가운데 작은 섬에서 살다가 자신이 그 섬에 갇혀 있다는 느낌이 들기 시작할 때 생기는 정신적 어려움들을 일컫습니다. 섬 열병이 생기면 더는 하와이에 머물 수 없습니다. 그래서 이런 말도 있습니다. "하와이에서 3년 동안 살 수 있다면 평생을 살 수 있다. 그렇지 못한 사람들은 3년 안에 떠난다." 비록 두 해만 살고 떠나오긴 했지만 열병 때문은 아니었습니다. 여전히 하와이의 풍광과 햇살이 생각납니다. 오히려 떠나오고 나서 몇 년 동안 그 섬을 그리워하는 열병을 앓았습니다. 하와이가 딱히 친절해서는 아니었습니다. 온화한 기후, 햇살과 바람, 아름다운 풍광만으로 사람이 살 수는 없습니다. 하와이의 특별함은 온화한 기후, 햇살과 바람, 아름다운 풍광이 천천히 흐르는 사회적 시간과 결합하여 절묘한

일상이 되었다는 데 있습니다. 그곳에서 저는 태어난 이래 가장 건강했습니다.

어떤 이가 물었습니다. 하와이에서 더 오래 살았다면 그 자연에 질리지 않았을지. 그 순간에는 답하기 어려웠습니다. 최소한, 머물렀던 2년 동안 단 한 번도 하와이의 자연에 질린 적은 없었습니다. 출근하던 길, 언덕을 오르다 내리막이 시작될 때 펼쳐지던 옥빛 태평양에 질릴 수는 없었습니다. 쉬운 삶은 아니었지만 좋은 삶이었습니다.

물론 그 삶은 2023년 마우이섬 북부를 휩쓸며 수십 명의 사망자를 내고 수천 명의 이재민을 기록했던 산불 참사를 경험하지 않은 삶이었습니다. 그 거리를 저는 알지 못했습니다.

⠀⠀ৎ

미국 국립공원 제도의 역사는 자연과 인간의 거리를 여러 관점에서 생각할 실마리를 줍니다. 미국의 국립공원 제도가 마련되어가던 19세기 말에서 20세기 초에는 요세미티 같은 자연이 과연 누구의 소유냐, 혹은 소유권을 인정할 수 있느냐, 개발자에게 개발권과 배타적 수익권을 보장할 것이냐, 모두에게 접근이 가능하도록 운영할 것이냐, 개발과 보존의 균형을 어떻게 맞출 것이냐 등의 논쟁이 있었습니다. 미국 국립공원의 아버지라 불리는 존 뮤어John Muir는 요세미티를 벌목 개발자, 양 목축업자(뮤어가 '발굽을 가진 메뚜기'라 불렀던), 그리고 관광개발자에게서 지켜내고 국립공원 지정을 이끌어낸 인물입니다. 뮤어의 노력이 아니었다면 지금의 요세미티 국립공원의 모습은 사뭇 달랐을지 모릅니다. 뮤어는 자신이 사랑한 자연을 "장엄한 황야"라고 불렀지만, 그 '장엄한' 요세미티는 역설적이게도 상업적 개발 권력 앞에서 자신을 보호하기 어려웠습니다.

흥미롭게도 미국 시민권 취득 기념식은 요세미티에서 열리곤 합니다. 처음 이 뉴스를 보았을 때 참으로 '미국답다'고 생각했습니다. 미국이 국립공원 제도를 발전시킨 이유는 일종의 역사적 열등감 때문이라고 보는 사람들이 있습니다. 미국의 영화제작자 켄 번스Ken Burns는 다큐멘터리 〈미국의 국립공원The National Parks〉에서 신생국 미국에는 베르사이유궁전, 쾰른대성당, 옥스퍼드대학교 같은 역사가 응축된 기념물이 없다는 사실이 국립공원 제도 마련의 계기였다고 보았습니다. 국립공원은 유럽의 역사적 기념물을 대신하는 신대륙의 자연적 기념물로 등장한 것입니다.

우리가 경복궁을 볼 때 마음에서 솟아나는 경탄과 애국심, 설악산을 볼 때 마음에서 솟아나는 경탄과 애국심, 이 둘은 다를까요? 후자를 더 중요시하는 사람들이 있습니다.

영화 〈사운드 오브 뮤직〉에서 폰 트랩 대령(크리스토퍼 플러머Christopher Plummer)이 나치에 부역하는 동족은 경멸하면서 그저 꽃에 불과한(?) 에델바이스를 노래로 예찬하며 자신의 애국심을 드러냈듯이, 인도의 시인 라빈드라나트 타고르Rabindranath Tagore는 〈나의 금빛 벵골〉이라는 시에서 벵골을 이렇게 노래했습니다.

> 나의 금빛 벵골,
> 나는 그대를 사랑하노라
> 영원한 조국의 하늘과 바람
> 내 마음 마치 피리 되어
> 노래하게 하는구나*

자연과 애국심, 미국의 국립공원은 인간과 자연의 거리만이 아니라 인간과 인간의 거리까지도 좌우하는 중력장과도 같습니다.

오늘날에는 자연을 보다 복잡하게 이해하게 되면서, 국립공원 보존 정책도 단순히 압도적인 경관만 보존하는 것이 아니라, 생태계 자체를 보존하는 데 초점을 두고 있습니다. 생물

---

* 마사 누스바움, 박용준 옮김,《정치적 감정》, 글항아리, 2019에서 재인용.

종의 다양성, 습지 같은 지형의 다양성까지 관심의 대상이 되었습니다. 경관은 인간에게 친절하게 길들인 자연일 뿐입니다. 자연을 음미하기 위해 인간 중심으로 길을 내던 일을 되돌아보고, 경관의 주체와 소비자 간 적절한 거리를 고민하는 시대가 온 것입니다.

타자를 향한 적절한 거리는 사람과 사람에만 해당되는 이야기가 아닙니다. 인간과 비인간에도 마찬가지입니다. 지금도 하와이 마우이섬 앞바다의 보트 위에서 내려다보았던 거대한 고래가 떠오릅니다. 지금에서 생각해보면 우리는 우리만의 신비감에 못 이겨 그들에게 너무 가까이 다가갔던 것 같습니다. 가수 한돌의 노래 〈홀로 아리랑〉에는 "독도야 간밤에 잘 잤느냐"**라는 가사가 나옵니다. 저도 넌지시 묻게 됩니다. 고래야 간밤에 잘 잤니. 바위야 간밤에 잘 잤니. 바람아 간밤에 잘 잤니. 미안해.

** 한돌 작사·작곡·노래, 〈홀로 아리랑〉, 1989. KOMCA 승인필.

헌정

　"해뜨기 전이 가장 어둡다." 별로 좋아하지 않는 말입니다. 희망을 준답시고 흔히 인용되는 말이지만 절망에 빠진 사람에게는 지금의 어둠이 해뜨기 직전의 어둠인지 알 길이 없다는 점이 문제입니다. 그걸 알 수만 있다면 잠시 후 해가 뜰 것이라고 기대할 수 있지만, 시계도 없이 온통 어둠에 둘러싸인 상황에서 저 말은 아무런 도움이 되지 않습니다. 비유의 세계가 아닌 현실은 더욱 복잡하여 정말 한 치 앞도 내다볼 수 없을 때가 많습니다. 그런 상황에서 '지금 이 순간이 가장 어두운 때'일 것이라는 희망은 선술집에서 친구들과 함께 아련하게 취했을 때라면 몰라도 골방에 홀로 남아 울고 있는 시간에는 깜박거리는 촛불처럼 위태롭습니다.

몇 년이 아닌 10년 단위로 세어야 할 만큼 오랜 시간 동안 한 자리를 지켜낸 활동가들과 이야기를 나누다 보면, 이들의 마음이 한밤중을 지나고 있다는 걸 자주 느낍니다. 이들은 말합니다. 그래도 뭔가 이루어질 것 같았는데, 이루어지고 있는 것 같았는데, 이루어냈는데, 모든 게 처음으로 돌아가 버린 듯한 기분이 들 때 나의 지난 시간은 과연 무슨 의미가 있었을까, 세상이 바뀌기는 하는 것일까 묻게 된다고.

저는 이런 질문에 답할 수 없었습니다. 대신 속으로 말합니다. '당신은 지난 10년을 돌아보며 달라진 세상의 흔적을 찾고 있지만, 저는 당신을 바라보며 10년의 시간 동안 변해왔을 당신을 먼저 생각합니다.' 10년은 한 사람에게는 긴 시간입니다. 10년은 세상의 변화 따위보다 그 한 사람의 변화를 먼저 헤아려야 옳은 시간입니다. 젊었던 몸은 쇠약해지고, 단단했던 의지에는 틈이 생길지도 모릅니다. 정신은 더욱 성숙했을 테지만 육체의 쇠락은 보색처럼 도드라져 보입니다. 아이가 있다면 아이의 성장과 함께 그의 삶에도 변화가 빨라집니다. 모든 걸 할 수 있을 것 같았던 마음은 이제 가보지 않은 길에 대한 반추를 자꾸 하게 됩니다.

10년을 넘게 해온 일이면 그것이 그의 인생입니다. 그는 그가 걸어온 10년으로 사람들에게 기억될 것입니다. 그런 운동이기에 활동가들은 **지금, 여기서**의 결과를 희망합니다. 당연하지요. 지금 내 삶에서, 내 주위 사람들의 삶에서 결과를 손에 잡을 수 없는 '활동'이 무슨 의미가 있다고 생각할 수 있겠습니까. 공사 조직을 불문하고 온통 1년 단위 성과 평가로 분주한 이 시대에 어떻게 결과를 생각하지 않고 말할 수 있겠습니까.

하지만 활동가는 결과에 뿌듯해하는 것은 고사하고 하찮은 절망들과 씨름해야 할 때가 많습니다. 정부의 정책은 오락가락합니다. 활동을 해야 할 시간에 무슨 가치를 생산하는 것인지 알 수 없는 서류를 작성합니다. 의미 없는 소송에 휘말리기도 합니다. 마음이 아플 때도 있습니다. 자원도, 사람도 적은 조직에서 일하다 보니 탈진하고, 오랜 동지를 하나둘 떠나보내기도 합니다. 신념을 좇아 헌신한 이들이다 보니 생각의 작은 차이마저 결별의 계기가 됩니다.

그런 와중에 견뎌내는 것만으로도 역사를 열어가는 이들이 눈에 들어옵니다. 뭔가 활동을 하여 결과를 만들어내기도 하지만 그저 존재하는 것 자체가 기적적인 모임, 단체, 운동이 있는 것입니다. 더구나 그 존재가 반짝 있다가 사라지는 것이 아니라 사람도 변하고 세상도 변하는, 아니 사람은 변했는데 세상은 변하지 않은 10~20년 세월을 지나왔다면 그 존재는 역사가 되기에 충분합니다.

존경해 마지않는 어떤 분과 이야기하다가 어떻게든 힘이

되고 싶어서 말을 꺼냈습니다. 중요한 건 지금 눈에 보이는 성과가 아닐 거라고. 당신들이 걸어온 길은 시민운동의 역사에 기록될 거라고. 앞으로 해나갈 일들도 눈에 보이는 성과가 아니라 우리가 어떤 역사를 만들어 가는지, 어떤 역사를 가능하게 할지를 먼저 생각해주시면 좋겠다고 말했습니다.

역사가 된다는 것은 이들의 활동이 현재의 시민들에게만 말을 거는 데 머물지 않는다는 의미입니다. 다가올 세대가 그들만의 캄캄한 밤에 하늘을 올려다보며 이들의 이야기에서 길을 찾을 것입니다. 어떤 조건도 그들을 지탱해주지 못할 때, 똑같은 상황에서 시대를 지탱한 이들의 이야기를 듣고 그들도 견뎌낼 것입니다. 심지어 어떻게 하면 견뎌낼 수 있는지까지도 배울 것입니다.

영화 〈반지의 제왕〉에서 악이 응축된 '절대반지'를 파괴하기 위해 목숨을 걸고 그 반지를 운반하는 역할을 맡은 프로도 배긴스(일라이자 우드Elijah Wood)는 자신과 동행하는 샘(숀 애스틴Sean Astin)에게 이렇게 말합니다.

그런 것 같아 샘. 세상이 위험할 때면 누군가는 소중한 것들을 내려놓고 상실하게 돼. 다른 이들만큼은 그 소중한 것들을 지킬 수 있도록 말이야.

소나무 같은 이들은 실패한 것도 패배한 것도 아닙니다. 그들은 내려놓았을 뿐이고 기꺼이 상실했을 뿐입니다. 우리의 삶이 조금은 풍요롭다면, 우리에게 소중한 것들이 지금 곁에 있다면, 우리 자신의 노력 덕분이 아니라 반지를 운반한 프로도 같은 이들이 있기 때문일지 모릅니다. 우리 사회가 이들이 공헌한 가치를 계산하는 방법을 알지 못하기에 감지하지도 못할 따름입니다.

우리 시대를 돌아봅니다. 지금처럼 작은 존재들의 권리에까지 이토록 관심을 기울인 시대가 있었을까요. 과거에는 신분이 나뉘었고, 질서는 위계적이었으며, 어린이와 여성은 재산처럼 취급되었습니다. 동물? 자연? 오로지 왕과 귀족의 생명만이 가치 있던 오랜 역사를 지나 겨우 민주주의 체제를 만들어냈지만, 민주주의 사회에서도 여전히 오랫동안 모든 존재가 시민은 아니었습니다. 존재하는 모든 것들의 존재함을 존중하려고 많은 이가 땀 흘리는 시대는 인류 역사에서 지금이 거의 유일한지도 모릅니다.

그래서 우리 시대는 특별합니다. 노동과 기후가 충돌하고, 장애인 인권과 동물권이 묘한 갈등을 빚고, 다름과 차별이 복잡하게 얽혀 있더라도, 이는 모두 이 시대가 그만큼 모두의 권리를 가장 멀리까지 배달하는 과정에서 모퉁이를 돌자 이제야 나타난 산과 강일 뿐입니다. 이 시대를 살아가는 우리는 우리의 고뇌를 자랑스러워할 자격이 있습니다.

그리고 멈춰서는 안 됩니다. 역사는 말합니다. 코로나-19를 통해 엿보았듯이 이 시대도 언젠가 무너질 것이고, 상상하고 싶지 않은 더 어두운 시대가 올지도 모릅니다. 그리고 다시 새벽 같은 시대가 열릴 때, 지금의 역사는 그 시대의 사람들에게 북극성이 되어줄 것입니다.

윤동주는 〈별 헤는 밤〉에서 패, 경, 옥 같은 '이국 소녀'들의 이름을 불렀습니다. 뒤늦게나마 가느다란 인연이 된 저 나름의 이국 소녀들이 있습니다. 별조차 잘 보이지 않는 이 밤에 그들의 이름을 마음속으로 불러봅니다. 누군가 이들이 무엇을 하고 있는 거냐고, 해낸 게 뭐가 있냐고 묻는다면 저는 대답하겠습니다.

역사를 만들고 있어요. 이들은 역사를 만들고 있는 거예요. 질문 대신 손을 내밀어보세요.

영웅과 시민: 달의 어두운 면

2023년 겨울, 미국의 영화사 디즈니는 100주년 기념작으로 〈위시〉라는 작품을 내놓았습니다. 이 작품에 담긴 '소원을 이뤄주는 좋은 왕'이라는 원형적 이야기는 국가 혹은 권위에 기대어 자신의 운명을 무방비 상태로 기꺼이 내어놓는 수동적 시민, 그들을 이용하는 뒤틀린 리더에 대한 비판적 서사로 읽기에 손색이 없습니다.[*]

한 남자가 있습니다. 그는 마법을 통해 다른 사람의 소원을 이뤄주는 능력으로 사람들에게 점점 알려졌고, 그가 활동하는 로사스섬으로 소원을 이루고 싶은 사람들이 계속 이

---

[*] 이후 본문에서는 〈위시〉에 관한 스포일러를 포함하고 있습니다.

주해옵니다. 어느새 그는 매그니피코 왕이 되고, 소원을 이룬 사람들의 수보다 더 많은 사람이 왕국으로 이주하면서 성장합니다.

소원을 이룰 것이라는 희망이 가득하고 모든 것이 행복해 보이던 그 왕국에서 왕의 마법 견습생이 되려던 주인공 아샤는 왕의 숨겨진 비밀을 알게 됩니다. 왕은 마치 시청 웹사이트의 "시장에게 바란다" 게시판에 올라온 수많은 청원처럼, 사람들의 소원이 담긴 구슬들을 비밀의 방에 저장하고 있었습니다. 여기서 충격적인 설정이 등장합니다. 사실은 저장이 아니라 쟁여놓고 있었던 것입니다. 매년 이루어지는 소원은 열 개 정도인데, 왕은 소원이 너무 많아 다 못 들어주는 것이 아니라 모두의 소원을 이뤄줄 생각이 처음부터 없었다는 사실입니다. 그럴 능력도, 그럴 이유도 없습니다. 누구의 소원을 들어줄지는 추첨도 아니고 오로지 왕의 자의적 판단에 따라 결정됩니다. 권력입니다. 아샤가 보기에 백 살이 된 자신의 할아버지에게는 도무지 소원을 이룰 기회가 없었습니다. 왕의 진실을 알고 실망한 아샤가 주변 사람들에게 이를 알리며 저항을 시도하자 왕은 그들의 저항을 막기 위해 노골적 악당으로 변합니다. 힘이 부치자 그는 폭주합니다.

언뜻 이 작품은 흔히 접할 수 있는 독재자 혹은 기만적인 리더에 대한 이야기로 보이지만, 악역을 맡은 왕 매그니피코에게는 이중성이 존재합니다. 악행의 결과는 차치하더라도 나름의 고뇌와 선택적 관대함으로 사람들의 동정을 자아냅니다. 때로는 냉정한 관리자의 모습을 보이지만, 그런 모습은 자신이 일구어낸 로사스왕국의 시스템을 안정적으로 유지하려는 바람에 기인합니다. 사람들은 나라님의 이 정도 냉정함은 보통 이해해주거나 오히려 칭송하기도 합니다.

왕은 자신을 사랑하던 사람들이 갑자기 자신에 대해 비판적 태도를 취하자 한 인간으로서 배신감을 느낍니다. 자신이 사람들을 위해 희생했다고 생각하고, 상황을 개선하려고 문제를 제기한 사람들의 행동을 자신의 헌신에 대한 부당한 대접이라고 느끼며 자기 연민에 빠집니다. 그리고 흥겨운 박자에 곁들여진 기괴한 분위기의 노래 〈이게 나에 대한 감사야?!This Is The Thanks I Get?!〉가 흘러나옵니다. 긴 노래인데 가사를 발췌해서 잠깐 볼까요.

나는 너희를 여기 공짜로 살게 해주었지
심지어 월세도 받지 않았어
어질러진 것들은 치워주고, 속상할 때 언제나 거기 있었지
나는 주고, 주고, 주고, 또 줘
그들이 모두 만족할 거라고 생각하겠지
내가 원하는 건 약간의 존중뿐

그런데 이게 내가 받는 감사야? (…)

이 왕국, 보여? 내가 쌓아 올린 거야

그런데 여전히 불평을 해? 그렇게 배은망덕해? (…)

작년에 소원 열네 개를 들어줬어

솔직히 많은 거 아냐?

그런데 지금 너희의 왕에게 묻고 있는 거야? (…)

이게 내가 받는 감사야?

매그니피코에게는 영웅적이지만 결국은 하나의 인간일 뿐인 권력자의 이중성이 씁쓸하게 녹아 있습니다. 디즈니 왕국 안에서 매그니피코는 전형적인 악당이어야 했지만, 현실에서라면 꽤 많은 지지자를 확보했을 것입니다. "왕은 그저 자신이 일구어낸 공동체를 지키고자 했을 따름이야. 그 방법이 조금 문제일 뿐. 그는 '좋은 왕'이야!"*

의미심장하게도 작품 속 사람들은 자신의 소원이 무엇이었는지 기억조차 하지 못합니다. 아샤의 할아버지는 백 살이 되도록 소원을 선택 받지 못했고, 이미 자신이 무엇을 원했는지 떠올리지도 못합니다. 아샤가 매그니피코에 대한 진

---

* '좋은 왕'이라는 표현은 다음 책에 실린 김은정의 글, 〈'좋은 왕'과 '나쁜 왕'이 사라진 자리: 불온한 타자의 삶을 가능케 할 반폭력, 탈시설의 윤리〉에서 배웠습니다. 타리 외 20인, 장애여성공감 엮음, 《시설사회》, 와온, 2020.

실을 밝히면서 할아버지의 소원을 봤다고 말하자 할아버지는 듣고 싶지 않다며 오히려 화를 냅니다. 할아버지는 어차피 이루어지지 않을 소원을 왜 알려주려 하냐며 아샤를 원망하고, 어쨌든 그간 믿어 왔던 왕에 대한 진실도 알고 싶어 하지 않습니다. 이런 과도한 반응은 그도 진실이 무엇인지 어렴풋이 느꼈을 것이라는 점을 암시합니다. 하지만 다른 삶을 상상하기에는 늦었습니다. 진실은 그가 감당하기에는 버겁습니다.

사람들의 소원을 담고 있는 구슬들을 흡수하면 자신의 마법력으로 전환된다는 것을 뒤늦게 깨달은 왕이 폭주하는 장면은 공포스럽습니다. 그 구슬들이 마치 4년마다, 5년마다 돌아오는 선거의 투표용지처럼 보입니다. 시스템을 유지하기 위해 누군가의 소원을 먹어치워야 하는 상황에서 좋은 왕은 이렇게 말하며 자신을 정당화합니다. "왕은 자신의 왕국을 보호하기 위해 무엇이든 할 준비가 되어 있어야 해." 모든 것은 왕국과 백성을 위한 것입니다. 그렇게나 '좋은 왕'은 당혹스럽게도 소원을 이뤄주거나 그 일을 도와주는 것이 아니라 사람들의 선택지를 지우는 데 자신의 모든 힘을 쏟습니다. 로사스왕국 백성들의 소원은 오로지 **자신을 통해서만** 이뤄져야 하는 것입니다.

누구나 이런 식으로 자신을 정당화합니다. 왕은 백성을

위한다고 하고, 대통령은 국민을 위한다고 합니다. 교수는 학생을, 부모는 자녀를 위한다고 합니다. 우리는 누군가를 위한다는 이름으로 그 누군가를 진정 위하는 행동과, 사실은 자기 스스로를 위하는 행동 사이의 경계를 늘 넘나듭니다. 하지만 이게 다가 아닙니다.

좋은 왕들 가운데 가장 무서운 왕은 우리 눈에 보이지 않습니다. 바로 **우리 자신**이기 때문입니다. 우리 안에도 좋은 왕이 있습니다. 미국의 한 언론이 1997년에 실시한 설문조사에서 마더 테레사Mother Teresa가 천국에 갔을 거라고 답한 이들의 비율은 79퍼센트, 자신이 천국에 갈 거라고 답한 이들은 87퍼센트였습니다. 참고로 당시 대통령 빌 클린턴Bill Clinton은 52퍼센트였습니다. 우리는 왕이 될 수만 있다면 세상에서 제일 좋은 왕이 될 자신이 있습니다.

그래서 이타심이란 함께 살아가는 세상에서 값진 마음이기는 하지만, 좋은 왕이라는 부산물을 낳기도 쉬운 마음입니다. 길에서 천천히(아마도 '힘겹게'라고 표현될) 걸어가는 장애인들을 보면서 느끼는 즉각적 이타심은, 마음의 훈련 없이는 "이게 우리에 대한 감사야?"라고 묻는 존재를 우리 안에 낳게 됩니다. 시인 진은영은《눈먼 자들의 국가》에서 어떤 시인을 이렇게 꼬집습니다.

그는 언제든 베풂을 받는 자를 고분고분한 자세로 만들어 놓는 강력한 시혜적 도덕의 안온한 보호 아래에서만 거렁뱅이에게 군림할 수 있는 약골이다.

그래도 당신은 좋은 왕으로 남을 것 같다고요? 오랫동안 권력을 비판해왔고, 약자들과 삶을 함께했다고요? 작가 최규석의 웹툰《송곳》에서 인간에 대한 날카로운 관점을 지닌 노무사 구고신은 이런 대사를 내뱉습니다. "당신들은 안 그럴 거라고 장담하지 마. 서는 데가 바뀌면 풍경도 달라지는 거야." 우리는 아직 다른 자리에 서 보지 않았을 뿐입니다. 이타심이 이기심으로 이어지는 고리는 이기심이 이타심으로 이어지는 고리보다 짧습니다.

한편 우리 안에는 좋은 왕을 기꺼이 섬기고자 하는 '좋은 백성'도 있습니다. 1980년대가 저항과 민주주의의 시기인 것 같지만 대다수의 시민은 1980년대를 성장의 시기로 기억합니다. 1980년대는 물가 안정과 경제 성장이 동시에 이루어지던, 1인당 국내 총생산 규모에서 북한을 뛰어넘었던, 누군가는 주식으로 흥하고 누군가는 망하던, 이 땅 저 땅이 개발되면서 부동산 투자로 집안의 운명이 달라지던, 한국의 '서부 개척기'였습니다. 권위주의 정권은 자유보다는 풍요를 먼저 약속했고 시민들은 이를 좋게 여겼습니다. 좋은 정치 지도 자에 대한 기대는 로사스왕국에서 사람들이 매그니피코에게 거는 그 좋은 왕의 기대와 일치합니다. 부패? 독재? 그들도 사람들의 소원을 이루게 해주고 싶고, 돕고 싶은 것이라 내심 믿습니다. 조용히 살다 보면 소원을 이루게 될 다음 차례는 늘 자기입니다.

아샤는 결국 매그니피코를 물리치고 로사스의 리더가 됩니다. 디즈니다운 해피엔드입니다. 그런데 저는 이 장면에서 기쁘면서도 약간의 두려움을 느꼈습니다. 아샤는 과연 끝까지 좋은 리더로 남을까?

좋은 왕이 되려 하는 이들을 조심해야 합니다. 그런 이들은 우리 밖에도 있고, 우리 안에도 있습니다. 그런 이들을 옹립하려는 이들도 조심해야 합니다. 그런 이들은 특히 우리 마음 안에 있습니다. 시민과 신민은 종이 한 장 차이입니다.

5장

내려놓음

시간, 사람, 깨달음

음악

음악이 힘들어졌다. 음악을 듣는 일은 귀라는 감각기관을 사용하는 데서 오는 약간의 피로감과 음악이 뇌를 자극하는 쾌감을 교환하는 일이다. 쾌감이 더 컸기에 그 교환은 늘 기꺼웠다. 이제는 음악을 듣기가 힘들다는 사실은 사랑했던 사람과 한 번도 다투지 않은 채 천천히 멀어지는 일처럼 아프다.

동년배

대학생 시절, 장 칼뱅이 스물여섯 살에 《기독교 강요》를 썼다는 말을 듣고 나도 그 나이까지 그런 사유를 해보고 싶다는 소망을 잠시 품었었다. 나만 그런 것은 아닌가 보다. 고종석은 《말들의 풍경》에서 이렇게 썼다.

> 이 평론집에 묶인 글들을 쓸 때, 고인(김현)은 내 나이였다.
> 그런데도 그 언어는, 절망스러워라, 내가 한 생애를 더 산 뒤
> 에도 다다를 수 없을 섬세함과 아름다움으로 무르익어 있다.

스물여섯 살의 칼뱅과 당시 나의 거리는 김현과 고종석의 거리보다 훨씬 멀었으리라. 그 후로도 마찬가지다. 망원동 수해 주민 집단소송 등 굵직한 이정표들을 세우고 마흔세 살에 세상을 떠난 조영래 변호사는 모든 법학도의 열등감이었다. 이순신 통제사가 전사한 나이는 쉰세 살이었으니 아직 나에게도 나라를 구할 기회는 조금 남아 있다. 서른세 살을 꽉 채웠던 어느 날, 나는 두 팔을 들고 기지개를 켰다. 예수가 세상 모든 생명, 아니 이 세계 자체를 위해 십자가에서 자신을 희생한 나이로 알려진 그 나이가 지나면서, 나는 불의를 미워하고 우는 이들과 함께 울던 청년 예수를 더 가깝게 느낄 수 있었고, 단지 신에 불과했던(?) 예수를 **동료 인간**으로서 더욱 사랑하게 되었다.

아버지가 거쳐온 나이의 궤적을 몸소 따라가다 보니 아버지를 더 많이 이해하게 된다. 뒤늦은 깨달음. 아, 그때 아버지가 외로웠겠구나. 그때는 초조했겠구나. 비단 아버지뿐 아니다. 딸이 예

전의 내 나이를 한 해 한 해 지나감에 따라 딸을, 그때의 어렸던 나를, 그때의 어렸던 나를 바라보던 젊었던 아버지를 더 많이 이해하게 된다.

동년배란 반드시 나이가 같은 사람들만을 일컫는 말이 아니다. 우리는 역사 속에 존재한 그 누구와도 동년배의 인연을 맺을 수 있다. 그 사람이 아닌, 그 흔적과도 친구가 될 수 있다.

변화

만일 윤동주가 마흔을 넘겨 살았다면 어땠을까? 그 순수함을 유지하며 성숙했을까? 아니면 그도 적당히 변했을까? 그 변화는 우리가 보기에 아름다웠을까, 실망스러웠을까? 40대의 나에게 영감을 주었을까? 어떤 영감을 주었을까? 마흔이 된 윤동주와 차를 마시고 싶다고 생각해본다.

영화 〈다크 나이트〉에서 고담시의 시장 하비 덴트(에런 엑하트 Aaron Eckhart)는 의미심장하게 말한다. "영웅으로 죽거나, 악당이 될 만큼 오래 살거나." 이 말은 그 자신이 불행한 경험 끝에 악당 투페이스가 되면서 진실이 되어버렸다. 그 진실은 오늘도 조직의 미션과 크기를 가리지 않고 반복된다.

현대심리학은 과학이라는 이름으로 우리를 조금은 너그럽게 만들어준다. 사람은 나이가 들면서 주관이 강해지고 시야가 좁아지고 타인과 소통하는 데에 어려움을 겪는데, 이는 다분히 **확률적**이다. 사람은 권력을 쥘수록 변하기도 한다. 이 또한 확률적이다. 권력자는 확률적으로 자기 길을 가고, 대중은 확률적으로 그를 동정할 가능성이 크다. 나이에 따른 사람의 변화는 그 사람의 잘못이 아니다. 그저 확률의 꽃놀이일 뿐이다. 하지만 윤리의 영역으로 오면 이것이 변명이 될 수는 없다. 확률은 우리가 악당이 되어가는 영웅을 조금이나마 이해하는 데에 도움을 줄 뿐이다.

의지와 운명

영국의 작가 존 로날드 로웰 톨킨의 소설을 원작으로 한 영화 〈반지의 제왕〉에는 악의 화신인 사우론이 인간, 요정, 난쟁이들을 지배하기 위해 만든 상징적 물건인 절대반지가 등장한다.*
이 반지는 권력을 미끼로 그 소유자의 마음을 잠식하여 사우론의 노예로 만든다. 모르도르라는 사우론 영토 안에 흐르는 용암에 던져 넣어 파괴하는 방법 말고는 이 반지를 파괴할 길이 없다. 문제는 누구도 그곳까지 반지를 운반할 수 없다는 데 있었다. 모르도르까지 가는 길도 어렵지만, 반지를 운반하다가

---

* 이후 본문에서는 〈반지의 제왕〉에 관한 스포일러를 포함하고 있습니다.

모두 타락할 것이기 때문이었다. 모르도르로 향할 수 있는 능력을 지닌 인간일수록 더 큰 유혹을 받고 타락할 가능성이 컸다. 이때 선택 받은 존재가 주인공인 호빗족 프로도였다. 시골 마을에서 평화롭게 살아가는 호빗족의 리더 프로도는 **순수함**의 상징이었다.

선에 대한 신념으로 가득한 장엄한 서사인 〈반지의 제왕〉에서 가장 당혹스러웠던 장면은 모르도르의 용암 절벽 위에서 프로도가 절대반지를 파괴하지 않으려 했던 장면이었다. 숱한 위험과 유혹을 다 이겨내고 용암 앞까지 간 프로도가 갑자기, 그러나 **결국**(왜냐면 중간중간 암시가 있었기 때문이다) 반지의 유혹에 넘어간 장면에서 미처 권력이 뭔지 이해하지 못했던 청년 시절의 나는 톨킨에게 분노했었다. 왜 프로도를 저렇게 파괴하는 것인지 이해하기 어려웠다. 더욱이 하필이면 오랫동안 오로지 반지만을 탐해 왔던 캐릭터인 골룸(앤디 서키스Andy Serkis)이 나타나 반지가 끼워진 프로도의 손가락을 통째로 물어뜯어 반지를 탈취한 후, 기쁨에 날뛰다가 반지와 함께 용암 속에서 타버리는 것으로 이 험난하고 위대한 여정이 완성되는 장면은 경악스러웠다.

비록 반지가 파괴되었지만, 누구도 의도하지 않은 방식으로 파괴되었다는 점에서 어쩌면 톨킨은 '인간의 의지를 넘어서는 우연의 힘'을 말하고 싶었던 것일까? 프로도는 어떻게 골룸의 이

빨에 손가락이 하나 없어진 손을 내밀어 자신을 위해 싸웠던 동지들과 악수할 수 있었을까? 그 손으로 어떻게 사람들의 존경을 받고 영원의 땅 발리노르로 요정들과 함께 떠날 수 있었을까? 이해하기 어려웠다.

이제는 알 것도 같다. 톨킨의 통찰도, 프로도의 영혼이 얼마나 순수했는지도, 그가 얼마나 어려운 여정을 택했는지도, 왜 아라곤(비고 모텐슨Viggo Mortenson), 갈라드리엘(케이트 블란쳇Cate Blanchett), 간달프(이언 맥켈런Ian Mckellen) 같은 영웅적인 캐릭터들이 반지를 감당할 수 없었는지도. 무엇보다, 왜 모르도르로 향하는 여정에서 프로도의 영혼이 차츰 잠식되어가고 마지막에 반지를 파괴하는 걸 거부했는지도. 왜 요정들이 프로도를 영원의 땅 발리노르로 동행해서 데리고 갔는지도.

프로도는 신이 아니다. 프로도가 온전히 자신의 의지로 반지를 파괴했다면, 인간을 초월한 그 의지와 업적으로 인해 이제 그 자신이 '살아 있는 절대반지'가 되었을 것이다. 인간으로서는 누구도 프로도처럼, 프로도만큼 할 수 없음을 요정도, 마법사도, 왕도, 나도 이해했던 것이다. 프로도의 최선에도 운명의 힘이 필요했던 건 오히려 다행이었다.

권력. 나는 순수하게 남을 수 있다고 누구도 확신할 수 없다. 그 길이 누군가가 가야 할 길이고 누군가는 점유해야 하는 자리라면, 더 아름답고 더 순수한 이가 가기를 원했다. 그들이 끝내 반지의 유혹에 넘어가더라도, 그 옆에 샘이라는 친구가 있고 골룸이라는 복잡한 운명의 대리자가 있는 한 승리를 기대해볼 수 있지 않을까 생각했다. 세상에는 여전히 프로도 같은 이들이 있다고 믿는다.

불완전함

시간은 나에게 불완전함에 대한 사랑을 심어주었다. 젊은 시절에는 늘 완벽한 것, 이상적인 것을 추구했다. 진리, 사랑, 관계···. 조금이라도 완전하지 않은 것들은 필멸이 예정된 나의 삶에서 좇을 가치가 없다고 여겼다. 그렇게 교만했다.

중요한 것은 어떤 사상, 제도, 법의 완벽함이 아니었다. 자신의, 혹은 그가 속한 집단의 모든 에너지를 모아 만들어내는 완벽한 수정 구슬만이 세상을 구원할 수 있을 것처럼 살아가는 이들은 어쩌면 순수하지만, 사실은 무섭고 잔인해질 수 있는 이들이었다. 그 완벽한 수정 구슬을 만들기 위해 어떤 희생도 정당화할 수 있는 마음의 길이 열려 있는 것이다.

무언가의 완전한 형태가 아니라 그것이 완전하지 않은 이 세계에 구현될 때 어떻게 작동하는지가 중요하다. 이 세계의 한계 위에 자신이 포개어졌을 때, 불완전해졌을 때, 가장 덜 일그러지고 가장 덜 유해한 모습으로 존재할 수 있는 사상, 제도, 법이 그 자체로만 완결적인 그럴듯한 사상, 제도, 법보다 사랑스럽다.

민주주의, 자유주의, 복지국가, 헌법 등을 설계할 때 완벽성에만 모든 힘을 쓰면 안 된다. 힘의 작은 일부는 그것들이 완벽하지 않은 세상에 입혀졌을 때 사람들을 상하지 않게 하려면 어떤 부분의 완결성을 포기해야 하는지, 움켜쥔 손의 어느 손가락을 풀어야 하는지를 고심하는 데에 써야 한다. 제도를 악용할 가능성을 촘촘하게 막기보다(어차피 불가능하다), 평범한 이들조차 제도를 악용할 가능성을 인정하고, 가장 무해한 방식으로 오용될 수 있는 길을 찾아야 한다. 사상은 사람 앞에서 멈춰야 할 때가 있다. 그렇지 않으면 자신의 시스템을 사랑하다가 사람을 미워하게 되고, 살해하게 된다.

작곡가들은 악보 위에 완벽한 음악을 구현할 수 있을 것이다. 하지만 음악은 불완전한 이 세상의 일부인 악기에 의해, 또 다른 일부인 사람에 의해 연주될 수 있어야 사람들에게 들려질 수 있다. 현실에서 연주될 수 있는 불완전한 곡들만이 가장 아름다운 곡들의 경연에 참여할 수 있다.

불완전한 것들이 사랑스러워지는 삶에는 인간미가 있다. 불완전한 것들은 아름답다. 완전함은 지향으로서 살아갈 힘을 주지만, 불완전함은 삶 그 자체다.

불완전한 필멸의 삶이 나쁘지만은 않다. 이런 삶에서는 겸손이 자연스레 배어난다. 무엇이든 할 수 있을 것 같은 기분이 더는 들지 않을 때, 사람은 비로소 **의미 있는 일**을 진심으로 찾게 된다. 일종의 '가심비'랄까, 성취하려는 목표나 가치의 규모가 아니라 얼마 남지 않은 시간으로 가장 많은 의미를 얻을 수 있는 일을 생각하게 되는 것이다. 꼭 이길 필요는 없다.

모래시계의 알갱이들이 사르르 빠르게 떨어지기 시작하는 것을 보고 있자면 삶의 순간들이 더 절실해지는 역설을 마주한다. 어쩌면 오늘이 나의 (마지막은 아닐지라도) 최고의 날일지 모른다고 매일 생각하면서 살아간다는 것은, 오늘 할 수 있는 일을 내일은 못 할지도 모른다고 매일 자각하면서 살아가는 것과 다르지 않다. 그러면 오늘 할 수 있는 일들이 더 절실해지고, 오늘 해낸 일들이 더 소중해진다. 꼭 이룰 필요는 없다.

그래서 더 용기를 낼 수 있다. 내일이 많이 남은 삶에서 내일이란 두려움이라는 신이 자기 허리춤 안에서 사람들에게 하나씩 꺼내주는 구슬 같은 것. 호수 한가운데 떠 있는 배가 만드는 파문처럼, 지금의 실수가 호수 가득 퍼져나갈지 모른다. 반면 나에게 주어진 내일이 하루뿐이라면, 실수나 실패를 두려워하기보다 오늘을 충만하게 사는 일을 선택할 용기가 생긴다. 그 용기가 어려움을 가져온다고 하더라도 견뎌야 할 내일이 많지 않기에 나 같은 겁쟁이조차 조금은 더 담대해질 수 있다. 꼭 완벽할 필요는 없다.

우리는 모두 필멸의 존재다. 이 말에는 힘이 있다. 필멸성을 감각하는 몸과 정신의 고통은 타인의 불꽃들을 더 생생하게 내 눈에 가득 채워준다. 눈을 떠 바라보면 우리가 있다. 우리는 모두 고통을 느끼고, 살아가고, 죽어간다. 나 같은 사람도 사회적 인간이라는 껍데기를 다 제거하고 나면 초라한 육신이 남고, 그 날것의 모습이 타인의 민낯에 다가설 용기를 준다. 우리는 다 소멸한다는 그 필멸의 서사가 타인 곁으로 우리를 이끌어준다.

당신은 좋은 사람입니까

〈증인〉은 2019년에 개봉한 법정 휴먼 영화입니다. 대형 로펌 변호사 양순호(정우성)가 살인 사건의 피의자를 변호하는 과정에서 유일한 목격자이자 자폐가 있는 임지우(김향기)와 교류하면서, 피의자를 위한 직업상 변호 의무를 내려놓고 지우의 편에 서서 진실을 선택하는 이야기입니다. 영화의 주된 갈등은 지우의 증언을 인정한다는 것이 순호의 패소를 의미한다는 지점에 있습니다. 순호는 재판에서 이기기 위해 자폐를 이유로 지우의 증언이 증거능력이 없다고 공격할 것이냐, 지우를 이해하고 인정하며 지우의 증언을 토대로 진실을 밝힐 것이냐 하는 윤리적 선택의 상황에 놓입니다. 잔잔한 흐름이 매력인 이 영화는 지우가 순호에게 문득 건네는 질문 하나로 기억될 만한 영화입니다.*

　　당신은 좋은 사람입니까?

　　영화 속에서는 자연스럽게 나온 이 질문은 의외로 낯설고, 생각보다 복잡합니다. 한국어에서 '좋다'라는 말은 선호(좋아한다)와 도덕(바람직하다)의 의미를 모두 가집니다. "그래, 좋은 게 좋은 거지"라는 말에서 보듯이, 어떤 좋음과 다른 좋음은 같기도 하고 다르기도 합니다. 오늘날 우리는 좋아하는 것, 즉 선호라는 의미 외의 '좋음'을 잘 묻지 않습니다. 좋음과 기득권을 일치시키려는 사람들의 모습도 많이 봅니다. 반면 '우리의 좋음'을 보편적인 좋음으로 등치시켜서 '각자의 좋음'을 억압하기도 합니다. 당신은 좋은 사람이냐는 저 질문은 무엇을 묻고 싶은 것일까요?

　　변호사에게 그런 질문을 하는 것 자체가 좋지 않다는 역설도 가능합니다. 그를 불편하게 만들 테니까요. 상대를 불편하게 만드는 말이나 행동은 적절하지 않죠. 심지어 변호사에게 당신은 유능한 사람이냐고 묻는 것도 아니고 좋은 사람이냐고 묻는 건 아주 무례(?)하다고 지적할 법합니다.

＊　이후 본문에서는 〈증인〉에 관한 스포일러를 포함하고 있습니다.

우리 시대는 또한 '다름'을 말합니다. 거기에는 전혀 잘못이 없습니다. 다름을 부정하고 억압해온 역사를 잘 알고 있습니다. 그러나 '좋음을 묻지 않는 다름'만으로는 좋은 삶, 좋은 사회를 만들어갈 수 없기도 합니다. 지향이 아예 없는 좋음이란 상상하기 어렵습니다. 목적지 없이 출항하는 배는 없습니다. 지금 이 문장조차도 어떤 분에게는 불편하게 읽힐지도 모릅니다. 무엇이 좋은 삶인가요? 무엇이 좋은 사회인가요? 누구한테 좋은 건가요? 어떻게 정할 건가요? 그냥 '다름이 곧 좋음'이라면 그 이상의 질문이 필요 없고 마음은 편해집니다. 분위기 깰 일이 없는 거죠. 좋음에 대해 감히 묻는 것은 폭력적일지 모릅니다.

질문에 대답할 수 없다는 것이 질문을 할 필요가 없다는 걸 의미하지는 않습니다. 좋음에 대한 물음들은 설령 답하기 어렵고 동의가 쉽게 형성되지 않는다고 하더라도 참을성 있게 답을 구해나가야 하는 질문들입니다. 세상에서 소외된 한 아이가 자신에게 다가오는, 낯설지만 왠지 선하게 보이는 어른에게 묻습니다. 당신은 좋은 사람이냐고. 이제 그 아이에게 이렇게 말할 수 있을까요?

너의 질문은 적절한 질문이 아니란다. 좋다는 것이 무엇인지는 사람마다 생각이 다 다르단다. 아저씨만 해도 아저씨의 성격이나 신념과는 별개로 아저씨가 따라야 할 변호사로서의 직업윤리가 있고, 월급을 주는 조직이 있고, 지켜야 할 가족이 있단다. 아저씨가 너를 이용하는 것처럼 보여도, 사실 아저씨는 살인 혐의를 받고 있는 어떤 아줌마를 도와주려는 것뿐이란다. 너를 도와주는 검사 아저씨가 있는 것처럼 그 아줌마도 당연히 누군가 도와줘야 하지 않겠니? 세상에는 좋은지 아닌지를 판단하기 어려운 일이 대부분이란다. 이제 질문을 다시 해볼래?

당신은 좋은 사람입니까. 타인에게 마음을 열지 망설이는 사람으로부터 나온 솔직하고 직선적인 질문 앞에서, 우리는 **말하지 않기에 져야 할 책임**을 상기하게 됩니다. 국가에 충성하고, 헌법과 법률을 준수하고, 직업윤리를 충실히 지키고, 정치적 올바름에 민감하고, 가족을 보호하고, 그중에 제일은 다름이거나 화합이고…. 우리는 대답함으로써 대답하지 않고, 대답하지 않음으로써 대답하고 있습니다. 순호 역시 답하지 못하지만 저 질문은 이후 순호를 흔들어놓는 계기가 됩니다. 저 질문에 흔들리는 사람이라면 최소한 좋은 사람일 것이라고 기대할 만한 사람인 것 같습니다(순호가 좋은 사람인지는 한참 후에 결론지을 일이고요).

지우의 입장에 섰던 순호를 두고 영화의 끝자락에 아이는 어른에게 말합니다. "양순호 아저씨는 좋은 사람입니다." 그 어른은 눈물을 삼키며 말합니다. "아저씨가 좋은 사람이 되도록 노력해볼게." 순호는 지우의 말을 감당할 수 없다고 느꼈을 겁니다. 그래서 저 대답은 참 적절합니다. 그저 회피하려는 대답이었을 수도 있지만 지금보다 **내일**이 어떠할지에, 성품보다 **분투**에 초점을 두었기 때문입니다. 그럴 수밖에 없기 때문입니다. 우리의 좋음이란 기약할 수 있거나 변하지 않을 수 있는 것이 아니니까요.

순호의 눈물을 우리가 이해할 수 있다는 점이 중요합니다. 우리는 그가 왜 눈물을 짓는지 그냥 알 수 있습니다. 만일 우리가 좋음에 대한 질문을 거부한다면, "당신은 좋은 사람입니다"라는 아이의 말에 감동보다는 거북함을 느끼고 그 말을 거부해야 합니다. 아마 할리우드 영화라면 주인공이 발걸음을 옮기다 말고 고개를 뒤로 살짝 돌린 채 이렇게 말했을지도 모르겠습니다.

고마워. 정말 오랜만에 듣는 말이네. 그런데 우리 방금 네가 한 말이 무슨 의미인지에 대해 잠깐 생각해볼까? 아저씨가 어떤 점에서 좋은 사람이라는 거니? 너에게 잘해줘서? 진실을 밝혀서? 용기를 내서? 정의의 편에 서서? 아니면 너의 편에 서서? 아마 벌 받은 그 아줌마는 아저씨를 나쁜 사람이라고 생각할 거야. 아저씨가 일하던 회사의 대표도. 아저씨는 며칠 전까지만 해도 너희 엄마에게도 나쁜 사람이었어. 아저씨는 그냥 아저씨야. 좋고 나쁨이 없어. 지우가 아저씨를 좋게 봐준 것은 고마운데, 근거 없는 말이라는 건 알려주고 싶어.

변호사 양순호는 사건의 진실을 밝혀 가는 중, 공개 법정에서 의뢰인을 위해서 변호해야 한다는 변호사 윤리를 어겼습니다. "양순호, 너 변호사야. 정신 차려!"라고 질책하는 로펌 대표 이병우(정원중)의 말에 순호는 "변호사도 사람입니다! 사람이어야죠…"라고 답합니다. 영화 끝부분에서 그는 변호사 생활을 (징계 때문이든 양심 때문이든) 그만두어야 할 것 같다고 오랜 친구에게 말합니다.

순호는 자신이 놓인 상황에서 좋은 변호사이면서 동시에 좋은 사람이 될 수는 없었습니다. 살다 보면 그럴 때가 있습니다. 변호사뿐이겠습니까. 좋은 공무원과 좋은 사람, 좋은 정치인과 좋은 사람, 좋은 학자와 좋은 사람, 좋은 기자와 좋은 사람…. 이 얽히고설킨 복잡한 세상에서 때로는 둘 중 하나만 될 수 있는 때가 있습니다.

선량함, 단지 선량함만으로는 부족하다.
세상을 바꿔야 한다.

베르톨트 브레히트의 《도살장의 성 요한나》에 나오는 요한나 다르크의 대사입니다. 진은영은 《눈먼 자들의 국가》에 수록된 자신의 글에서 이 대사를 "선량하게만 살다 떠나지 말고, 좋은 세상을 남기고 떠나라!"라고 번역했습니다. 좀 우울해집니다. 좋은 사람이 되는 것도 어렵고, 좋은 사람이 되었는지 판단할 기준도 모호한 시대인데, 그것만으로도 부족하다니. 세상을 바꾸기까지 해야 하다니….

대부분의 사람은 적당히 선량하게 삽니다. 심지어 권력자의 선량함은 공작새의 깃털이고 수컷 사자의 갈기 같기도 합니다. 대부분은 세상이 달라지지 않을 만큼만 선량한 사람으로 남습니다. 자신의 이름과 지위를 지켜야 하는 사람들, 이름을 지킬 수 있을 만큼만 선량한 사람들이 다 위선적인 것은 아닐 겁니다. 하지만 그들의 행동이, 저의 행동이 재생산하는 세계를 생각하면 술이 생각납니다. 저를 좋은 사람이라고 말해주는 이들에게 '난 도대체 무엇을 하고 있는 걸까'라고 자문하며 괴로울 때가 많습니다. 좋은 사람이고 싶었습니다. 마음 바탕이 좋지 않아서인지 한 톨이라도 좋은 사람이 되기 위해서는 참 많은 에너지를 쏟아야 했습니다. 학교에서 상을 받을 때는 자부심보다는 '연기 대상'을 받는 기분이었습니다.

그래도 아주 드물지만 손을 모으게 하는 사람들이 있습

니다. 최소한 제가 아는 한 너무도 선량해서, '저 사람에게 실망하고 싶지 않다'고 생각하게 만들 만큼 착한 사람들이 있습니다. 고작 흔들리는 내 마음 때문에 실망하지 않게 해달라고 기도하게 만드는 사람들이 있습니다. 실망하느니 차라리 이면을 알지 못하기를, 실망의 고통보다는 거리의 인내를 선택하게 만드는 사람들이 있습니다.

주어진 일에 충실한 사람이 되는 것도, 타인의 다름을 인정하는 사람이 되는 것도 그것만으로는 충분하지 않은가 봅니다. 좋은 사람에 대한 물음은 비록 '쿨하지' 않은 질문일지라도, 불편함을 야기하는 질문일지라도, 우리가 외면할 수 없는 질문입니다. 그것은 보수적인 질문이 아니라 가장 급진적인 질문입니다. 좋은 사람은 조직이 부여한 일에 충실하지 않을 수도 있고, 다름을 충분히 인정하지 않을 수도 있고, 정치적 올바름의 코드를 깰 수도 있습니다. 그러나 그는 한 인간이 건네는 가장 원초적인 질문 앞에서 솔직할 수 있는 사람일 것입니다. 그는 고뇌할 것이고 신에게 도움을 구할지도 모릅니다. 그리고 그는 선택할 것입니다. 많이 외롭겠지만 아주 외롭지는 않을 것입니다.

누구나 어디선가 멈춘다

　장애인 인권운동에 평생 헌신해온 친구들과 삼겹살을 먹다가 동물권으로 대화 주제가 옮겨갔습니다. 아이고. 잠시 정적이 흘렀습니다. 장애운동의 역사에서 외쳤던 문구인 "장애인도 사람이다". 사람만이 권리를 지닌 생명체가 아니라는 신념이 점점 퍼지고 있는 오늘날, 이 문구는 바로 그 '○○○도'라는 표현 때문에 권리의 주체를 동물로까지 확장시키는 가능성을 품고 있는 문구입니다. 즉, '동물에게도 권리가 있다'고 번역될 수 있는 것입니다. 이를 잘 알고 있던 우리는 삼겹살 맛을 느끼기 어려웠습니다. 그렇다고 그날로 우리가 '비건'이 되지는 않았습니다. 우리는 실천의 경계선, 그 바닷가에 다다랐을 따름이었습니다.

매달 넷째 주 수요일 저녁에는 서울시의회 앞 세월호 기억공간에서 416기억문화제가 조촐하게 열립니다. 이 문화제에 참여하기 위해서는 지하철 1호선 시청역 3번 출구로 나와 서울시의회 쪽으로 걸어가게 되는데, 그 중간에 천막으로 된 코로나-19 백신 희생자 합동분향소가 있습니다. 어느 날 저는 이들에게 특별한 관심을 기울인 적이 없다는 사실을 깨달았습니다. 이들에게 세월호 참사 희생자들처럼 아픔이 있을 것임에도 그 아픔을 표현하고 공감하는 데에 적절한 언어를 찾기 쉽지 않습니다. 이들을 지나 세월호 기억공간으로 가는 마음이 언제부터인가 복잡해졌습니다.

세 명의 젊은 연구자들과 여섯 군데의 시민단체 활동가들을 만나 인터뷰하는 프로젝트를 수행한 적이 있습니다. 그 결과물은 《공공의 재구성》이라는 제목의 온라인 단행본으로 발행됐습니다. 제게 가장 도전적이었던 곳은 '성적권리와 재생산정의를 위한 센터 셰어'라는 곳입니다. 성소수자들의 삶을 지원하는 단체입니다. 인터뷰한 모든 단체 가운데 제 인식과 가치의 지평에서 가장 멀리 있는 단체였습니다. 노동도, 주거권도, 청소년도, 환경권도, 평화도 할 말이 많지만 성소수자라는 이슈는 어려웠습니다. 이해, 동의, 지지, 동행이라는 단계적 관여의 언덕은 가팔랐습니다.

물론 사람들은 나아갑니다. 10·29 이태원 참사 유가족들이 세월호 참사 유가족들과 연대하면서 "이제야 그 상황을 알겠고 그 마음을 이해하게 되었다"고 말했을 때, 그 멈춰 있던 지점이 때로는 가슴 찢어지는 출발점이 되기도 한다는 것을 보여줍니다. 2024년 노벨문학상을 수상한 작가 한강이 "전쟁으로 사람이 죽어가고 있는데 무슨 기자회견이냐"라고 말했을 때, 우리는 비로소 전쟁으로 사람이 죽어가고 있다는 사실을 생각하게 됩니다.

함께하는 와중에도 멈추는 지점이 있습니다. 중증·발달 장애인들의 탈시설운동에 관여하면서도, 한걸음 떨어져서 보면 지역의 장애인자립생활센터들은 아직 멀게 느껴집니다. 장애인 거주시설에 초점을 두고 있으면서, 정신병원에 수용된 이들의 탈시설운동에 대해서는 '과연 내가 저기까지 함께할 수 있을까'라는 생각이 들기도 합니다. 지향의 문제가 아니라 의제, 관계, 시간, 에너지의 한계입니다.

돌아봅니다. 저는 여전히 삼겹살을 먹습니다. '나는 위선자인가?' 저에게 세월호 참사 희생자와 코로나-19 백신 희생자의 의미는 아무래도 같지 않습니다. '나는 선택적 위선자인가?' 전쟁으로 사람이 죽어가고 있는데 이타심을 주제로 한 글을 쓰고 있는 저는 다이달로스의 미로에 빠진 미노타우로스일까요? 전장연(전국장애인차별철폐연대) 공동대표 박경석은《출근길 지하철》에서 이렇게 말했습니다.

이런 검투사(자신)도요, 다른 문제들에서는 그냥 객석에 남아 있게 되는 경우가 많아요. 당장 여성들이 성차별당하고, 성착취를 당하고 할 때, 나는 그걸 그냥 남 일 보듯 방관하게 되는 거야. 아무리 내가 신경을 쓴다고 하고, 공부를 한다고 해도 조건상 어쩔 수가 없는 게 있는 거거든.

저 말은 표현 자체로만 보면 안 됩니다. 저 말은 자기 정당화가 아니라 자기의 한계를 인식하고, 인정하고, 씁쓸해하는 마음과 결합할 때만 가치를 지닙니다. 시간과 공간의 축에서 육체를 지닌 한 인간이 자신의 한계를 인정할 때 가능한 말입니다. 모든 이와 연대할 것처럼 말하는 대중 정치인의 위선이 아니라, 정말로 이 세계의 한 조각이라도 바꾸어보려는 사람의 겸손으로만 정당화될 수 있는 말입니다.

어릴 적 과학 수업 시간에 긴 막대자석을 다룬 적이 있지요. N극은 붉은색으로, S극은 파란색으로 칠해진 막대자석 주위에 작은 나침반들을 놓으면 그것들은 한결같이 S극 쪽을 향합니다. 정확히 말하면 붉은 지침은 S극 쪽으로, 파란 지침은 N극 쪽으로 향합니다. 그런데 막대자석 주변의 나침

반이 S극을 지향한다고 해서 S극까지 가지는 못합니다. 그저 그 자리에서 S극을 지향할 뿐이지요. 심지어 한쪽 끝은 N극을 향합니다.

사람도 마찬가지인 것 같습니다. 샌델의 말처럼 우리는 모두 어떤 사회적 연고를 지닌 존재들이고 그 연고를 벗어나 살아가기는 쉽지 않은 존재들입니다. 마치 N극 가까운 지점에 놓인 나침반 같다고 하겠습니다. 하지만 이들도 S극을 지향합니다. 어느 쪽에 가까이 있는지가 중요한 만큼이나 어느 쪽을 지향하고 있는지도 중요합니다. 전자는 현재이지만, 후자는 미래를 그리고 있기 때문입니다.

저는 여전히 삼겹살을 먹지만 일상에서 가능하다면 채식을 선택할 수 있습니다. 비건 메뉴가 있으면 반갑습니다. 최소한 비건을 생활화한 이들에게 "고기 먹으러 가자"는 무례를 범하지는 않을 것입니다. 이들과 함께 식사를 하기 위해 비건 식당을 찾는 일을 불편해하지도 않을 것입니다. 제가 혼자서 성소수자들이 모이는 자리에 갈 일은 아마도 없을 것 같지만 여기저기서 그들을 만났던 기억을 간직하고, 성소수자의 삶에 대한 연구를 반길 것입니다. 비록 코로나-19 백신 희생자들과 함께할 기회가 있을 것 같지는 않지만 그들을 생각할 것입니다. 모두의 곁에 함께 서 있을 수는 없어도 그들의 등 뒤에 비판의 화살을 날리지는 않을 것입니다.

현재의 문명적 가치를 두드리는 이들은 항해를 떠난 탐험가들입니다. 개별적 사안들에 대해 동의하고 말고를 떠나서 그들의 탐험을 지지합니다. 해안선은 구불구불합니다. 누구나 자기가 출항한 항구에서 좀 더 깊은 바다로 나아갈 뿐입니다. 누가 경도상으로 볼 때 더 먼 바다로 나갔는지를 판단할 필요는 없습니다. 존재의 가치를 지향하는 일은 경주가 아닙니다.

우리 인식의 지평 저 끝에서 분투하는 이들도 저 같은 사람을 돌아보며 "왜 여기까지 오지 못하냐"고 비판하지는 않을 것이라 믿습니다. 속상함에 저 같은 사람의 위선을 술자리에서 토로하기는 할 것이라 짐작해봅니다. 하지만 이런 이들도 어디선가는 멈출 것입니다. 아마도 자신의 그 멈추는 마음을 저 같은 사람보다 더 민감하게 돌아볼 것이라 생각합니다. 자신의 멈춤을 이해할 때 바닷가에 머물러 있는 사람들을 조금은 더 이해하게 되고, 그래서 조금은 덜 외롭기를 바랄 따름입니다.

우리는 모두 시대의 산물이지만 어떻게든 그 시대를 뛰어넘으려 합니다. 어떤 이들은 시대의 전위에 서서 땀 흘리고 피 흘리며 분투합니다. 어떤 이들은 손쉽게 시대에 머뭅니다. 제3의 사람들이 있습니다. 조용히 제 갈 길을 가는 사람. 단지 시대에 만족하기 때문에 그렇게 사는 것이 아닌 사람. 단지 신중하기 때문에, 복잡하기 때문에, 사람의 마음이란 하나뿐이기 때문에 제 갈 길을 가는 사람들이 있습니다. 이기적인 길이 아니라 "**모든** 죽어가는 것을 사랑"하리라 다짐하면서 "**나한테** 주어진 길을 걸어 가야겠다"고 노래한 윤동주처럼, 자신에게 주어진 길을 가는 사람들이 있습니다.

누구나 어디선가 멈춥니다. 우리를 빚은 그 사회적 질료의 가벼움과 무거움, 단단함과 바스러짐, 날카로움과 부드러움, 그리고 밝음과 어두움이 우리를 저마다 다른 곳에서 멈추게 합니다. 하지만 우리는 멈출지언정 지향할 수는 있습니다. 멈추지 않고 발을 내딛는 이들은 망설이는 이들을 이해할 수 있기를, 그 반대도 마찬가지기를, 그 '멈춤'도 어느 날 문득 멈추어 우리가 더 나아갈 수 있게 되기를 바라봅니다.

6장

죽음

또랑이의 죽음

2019년 5월 24일

집안의 귀염둥이였던 햄스터 또랑이가 마지막 숨을 내쉬었다. 숨이 빠져나간 몸은 자동차 스마트키보다도 작았다. 딸이 너무 놀랄까 봐 학교에 가 있는 동안 부지런히 장례를 치르고 케이지를 청소했다. 그 마지막 모습이 어린 딸에게는 너무 아플까 걱정되었기에.

학교를 마치고 온 아이는 케이지가 사라진 것을 알고 또랑이가 어디 갔냐고 물었다. 나는 차분히 말했다. "또랑이가 오늘 하늘나라로 갔어." 말을 잇지 못하는 내 앞에서 아주 짧은 순간 아이는 아무 반응도 보이지 않았다. 아니, 내가 아이의 눈을 바라볼 수 없어서 그 반응을 알 수는 없었다. 그 말이 무슨 의미인지를 깨달았는지 이내 울기 시작했다. 나의 품에서 30분 동안 곡을 했다. 그리고 쓱 일어나더니 베란다로 나가 청소해둔 케이지 앞에 웅크리고 앉아 또랑이의 이름을 부르면서 또 한참을 울었다. 그러고서 또랑이가 타고 놀던 쳇바퀴를 혼자서 한참을 쓰다듬고 돌리며 또 울었다. 나는 조금 떨어져 앉아서 가만히 지켜보았다. 순간순간 나도 감정이 일어 함께 울기도 했다.

그러더니 아이는 다시 일어나 또랑이에게 가고 싶다고 말했다. 단호했다. 오늘, 지금 가야만 한다고. 가야 할 것 같았다. 아이와 함께 걸어가는 길에 아이는 들꽃 한두 송이를 챙겼고, 아이는 꽃 한 송이와 돌 한 덩이를 또랑이에게 건넸다. 직접 볼 수 없겠냐는 다소 파격적인 질문도 했다. 그 마음은 이해하지만 그것은 예의가 아니라고 하자 알아듣는 눈치였다. 조금 허전했는지 꽃 몇 송이를 좀 더 건네주고는 발걸음을 돌렸다.

잠깐 산책을 했다. 특별한 일은 아니었다. 그저 잠시 주변을 걸었다. 집으로 향하는 동안 아이는 자신이 또랑이를 평소에 어떻게 대했는지에 대해 돌아보고 있었다. 잘해주지 못했던 마음을 고해성사하듯 나에게 이야기했다. 그러고는 매월 첫날에 다시 보러 오자고 했다.

집으로 돌아와 아이는 따로 챙겨둔 꽃 한 송이를 또랑이가 놀던 쳇바퀴 위에 놓았다. 그리고 마침내 숙제라는 **일상**으로 돌아갔다.

짧은 인연과 교감에 어울리는 조막한 애도의 시간이었다. 그러나 나는 아이의 행동에서 많은 것을 생각했다. 첫째, 또랑이의 **마지막 모습**을 보여주지 않은 것은 큰 실수였다. 아이는 또랑이의 케이지를 쓰다듬으면서 서럽게 울고, 쳇바퀴를 돌리면서 또 서럽게 울었다. 소중한 존재의 마지막 모습을 보고 싶어 하는 인간의 마음이 이런 것이구나 알 수 있었다. 한눈에 보아도 차갑게 굳어버린, 죽음을 입은 몸을 볼 준비가 되어 있지 않을 것이라고 생각했던 내가 어리석었다. 마음이란 그런 것이 아니었다. 아니, 아닌 줄 알고 있었다. 어리석은 이타심이었다.

둘째, 소중한 존재를 보낼 때 **형식적 의례**의 의미를 새삼 깨달았다. 짧은 절차였지만 아이는 자기만의 장례를 치른 것이었다. 또랑이에게 헌화한 순간부터 아이는 눈에 띄게 마음을 추스리기 시작했다. 그 순간부터 아이는 이제 또랑이를 다시는 볼 수도, 만질 수도 없다는 것을 인정하게 된 듯했다. 그러나 매월 첫날에 또랑이를 기억할 수 있다는 것 또한 아는 듯했다. 또랑이가 완전히 사라진 것은 아니라고 여기는 것처럼 보였다.

셋째, 그 의례가 끝나고 아이는 산책을 했다. 그것은 마치 **일상으로 돌아가기 위한** 또 다른 절차처럼 보였다. 그것이 망각을 의미하는 것은 아니었다. 아이는 오로지 주변의 꽃에만 집중했다. 그리고 평소에는 찍지 않았던 꽃 사진을 남겨두라고 나에게 요청했다. 일상으로 돌아가는 것이 쉬운 일은 아니지만, 의식은 이제 다른(그러나 망자와 연결된) 대상을 통해 의례를 마무리 짓고자 하는 것처럼 보였다.

넷째, 아이는 돌아오는 길에 자신의 **죄책감**을 이야기했다. 또랑이의 죽음을 인정할 수 있게 되었고 아이의 마음이 그 죽음을 끌어안으면서 가능했던 것이 아닐까 하는 생각이 들었다. 소중했던 존재의 상실 그 자체로부터 그 존재와의 관계에 대한 기억으로 의식이 옮겨간 것은 자연스러워 보였다.

다섯째, 아이는 평소와 달리 **열심히 숙제를 했다.** 마치 삶과 관계의 소중함을 깨달은 것처럼. 아내에게 듣기로는 등교하면서 친구에게 또랑이의 죽음을 이야기하다가 혼자 뒤에서 울면서 따라왔다고 한다. 한동안은 그러할 것 같다.

👤

영성학자 박정은은《슬픔을 위한 시간》에서 애도를 과정으로 보았습니다. 애도란 보내주기와 맞이하기의 중첩적인 과정이라고 합니다. 이 책에 인용된 테레스 란도Therese Rando의 6R 모델은 애도의 과정을 인식하기recognize, 반응하기response, 다시 경험하기/회상하기re-experience/recollect, 떠나보내기relinquish, 새롭게 적응하기readjust, 새로운 환경으로 들어가기reinvest로 묘사했습니다. 비록 몇 시간 동안 일어난 일이었지만 아이의 행동은 란도의 모델과 놀라울 정도로 유사한 과정을 거쳤습니다. 비록 대상의 무게는 비교가 불가한 것이겠으나.

지그문트 프로이트에 따르면 상실에 대한 반응은 애도와 우울로 나뉩니다. 애도는 회복을 지향하고, 우울은 상실의 상태에 스스로 머뭅니다. 모두가 애도에 성공하는 건 아닙니다. 애도가 실패할 때 의례는 끝나지 않습니다. 의례에 실패할 때 애도 역시 성공할 수 없고요. 너무 많은 이가 떠나보내기와 새롭게 적응하기 사이에서 길을 잃습니다.

이 모든 일이 일어난 몇 시간 동안 저는 계속 의식적으로 다짐했습니다. "이제 그만 울어라" "이제 그만 돌아가자"라는 말을 절대 하지 않기로. 아이가 우는 동안 아이를 계속 안고 있었고, 산책길에서도 가만히 따라다녔습니다. 아이가 처음 접한 작은 죽음으로부터 죽음을 대하는 자신만의 자세를 배울 수 있기를 바라면서요. 그것이 저보다 무겁게 또랑이의 죽음을 대하고 있었던 아이에게 제가 가져야 할 자세라고 생각했습니다. 아이만의 애도 과정을 지켜주고 싶었습니다.

아버지가 가시던 밤

2024년 1월 6일

아버지는 일요일 새벽에 돌아가셨다. 전날인 토요일 밤 9시쯤 의식이 약간 남아 있으신 채로 구급차에 실려가셨다. 의료기관들이 한창 코로나-19로 위축되었던 당시 아버지를 받아주는 병원이 없어 세 시간여를 길 위에서 전전하다가 구급차 안에서 이미 의식을 잃으셨다. 전언에 따르면 소방관들은 미친 듯이 병원들에 전화를 걸었고, 함께 타고 있던 어머니는 제발 평소 다니던 ○○병원으로 가달라고 절규하셨다. 절차보다 생명이 중요하다는 사실을 잊지 않은 소방관과 의료진의 전문가적 윤리에 힘입어, 의식을 잃은 아버지의 몸은 먼저 간 이들의 거즈와 핏자국이 낭자한 어느 병원의 소생실로 옮겨졌다. 아버지는 거기서 나와 가족들에 둘러싸여 몇 시간 후 숨을 거두셨다.

지금도 생각한다. 그 밤에 지위와 인맥을 통해 '아는' 사람들을 동원했더라면, 청탁금지법은 잊고 내가 가진 사회자본을 최대한 활용했더라면, 그래서 한 시간 안에 병원에 입원을 시킬 수 있었더라면 아버지는 살 수 있었을까? 이 질문을 떠올리면 괴롭다.

사실을 말하자면 나는 아버지가 구급차에서 사경을 헤매시던 그 세 시간 동안 저 질문을 머릿속에 떠올린 적이 없다. 상상할 수가 없었기 때문이다. 돌아보면 저 질문보다 더 무거운 질문은 '만일 내가 그런 선택을 해서 아버지가 더 사셨다면, **나는 과연 떳떳했을까**'였다.

과거에는 아픈 가족을 돌봐줄 병원과 의사를 찾기 위해 모든 관계가 동원되던 시절이 있었다. 오죽하면 "집안에 검사와 의사 한 명씩은 있어야 한다"는 말이 회자되었을까. 사회 전체가 부패를 거부하고 시스템을 중시하게 된 지금도 어떤 이들은 가족의 목숨이 경각에 달린 상황에서는 법과 질서를 넘어 자신이 가진 모든 관계를 동원해서 가족을 먼저 살리려 한다. 평소에 이런 특혜를 비판해온 이들조차 자신이 직면한 절박한 상황에서는 어쩔 수 없이 흔들릴 것이다. 상황이 상황이기에 누구도 비난할 수 없다. 인지상정이고 목숨이 달린 일이니까. 인지상정이라는 것이, 목숨이 달린 일이라는 것이 과연 예외적 요청을 정당화하기에 충분한지 질문조차 던지기 부담스럽다. 이것은 하나의 금기이자 성역에 속한 질문이다. 우리는 그렇게 살아왔고, 그렇게 살아왔다는 사실 자체가 그런 '전화'를 정당화한다.

나는 의사에게 전화하는 것을 혐오했다. 그래서 아버지가 길 위에서 의식을 잃고 죽어가던 그 시간 동안 아는 이들을 동원할 생각은 해보지도 못했고, 그렇게 아버지를 보냈다. 어쩌면 그래서 아는 의사가 있느냐고 나에게 부탁해오는 상황을 유난히 더 혐오하는지도 모르겠다. 오죽하면 가족이 급히 입원해야 해서 나에게 도움을 요청한 제자에게 떨리는 마음으로 그러면 안된다고, 평소에 네가 추구하던 가치를 생각하면 신중하게 생각해야 한다고 모질게 말했었다. 이게 인간으로서 할 수 있는 말인지, 설령 제자가 이해해주더라도 과연 예전처럼 지낼 수 있을지 아무것도 확신할 수 없었다. 지금도 그에게 미안하고, 그게 최선이었는지 확신할 수 없다.

하지만 확신이 없다고 해서 **무엇이 옳은지**가 달라지지는 않는다. 어쩌면 나는 어머니 또한 그렇게 보내드리게 될지도 모른다. 그리고 나 또한 마지막 순간에 그렇게 갈 것이다. 누군가는 그것을 나의 잔인한 심보에 대한 업보라고 말할지도 모르겠다. 하지만 나는 진심으로 나의 가족을 살리겠다고 누군가의 가족에게 영향을 줄지도 모를 부탁을 하기 위해, 병원의 스케줄을 조정할 권력이 있는 의사에게 전화하고 싶지 않다.

아버지는 내가 전화를 하지 않아서 돌아가신 것이 아니다. 그저 그분의 때였을 뿐이다. 그렇게 되뇐다. 내가 전화하지 않아도 오늘날의 병원 응급 시스템은 합리적으로 돌아간다. 이따금 신문에 어처구니없는 상황이 보도되지만(어처구니없으니 보도된다), 살 수 있는 이는 살릴 수 있는 시스템이 구축되어 있다. 이 글을 쓰기 며칠 전, 가족 중 한 사람에게 뇌출혈이 생겨서 그를 당장 수술할 병원을 찾으며 나에게 전화를 부탁해오던 분은 원하던 병원은 아니었지만 때맞춰 수술할 병원을 찾았고, 그 가족은 살아났다. 이것이 시스템의 힘이다. 누구나 전화를 한다면 결국 남는 것은 사람이 아니라 권력, 부탁한 자의 빚, 그리고 가장 작은 이들의 죽음뿐이다.

그분의 가족이 수술을 통해 살아나셔서 다행이다. 하지만 여전히 마음이 짓이겨진 기분은 가시지 않는다. 우리 사회의 오랜 문화에서 내 관점이 모질고 각박하기 짝이 없다는 것을 알기에. 그분의 가족이 살아났다는 말을 들었을 때 느꼈던 복잡한 감정은 앞으로도 그와 나의 마음에 계속 남아 있을 것이기에. 그 각박한 반응이 관계 속에 계속 남아 있을 것이기에. 그리고 언젠가는 나도 그런 상황 속에서 떠나야 할 것이기에.

나를 위한다고 말하지 마

　장례식장에 들어서면 늘 혼란스럽습니다. 죽음은 평등하지 않습니다. 어떤 이는 수많은 화환과 조문객에 둘러싸여 마지막 길을 떠나는 반면에 어떤 이는 차가운 바닷속, 좁은 골목길, 뜨거운 화염 속에서 마지막 길을 떠났습니다. 서울시립승화원에서는 거의 매일 홀로 죽음을 맞이한 무연고자 장례식이 열립니다. 수많은 불평등이 있지만 죽음의 불평등을 생각하면 유난히 화가 나는군요.

　그런데 말이죠. 타인의 불행과 죽음에서 느끼는 안타까움과 눈물의 실체는 무엇일까요. 이상한 질문일지도 모르겠습니다. 당연히 인지상정이겠지요. 하지만 다시 또 생각해봅니다. 과연 우리는 타인의 삶과 죽음에 마음 아파할 때, 그

인지상정에 멈춘 적이 있나요. 노란 신호등을 보고서도 정지선을 한참 지나 횡단보도 위에 멈추는 자동차들처럼, 그 불행과 죽음이 개인적인 것이든 사회적인 것이든 우리의 마음은 결코 그 인지상정에서 멈추지 않습니다.

가장 성공적인 위조지폐는 실제 지폐보다 심미적, 기술적으로 뛰어난 지폐가 아니라 그저 실제 지폐와 가장 유사한 지폐입니다. 마찬가지로 마음의 연습이 되어 있지 않은 동정은 이타심의 외피를 입을수록 위험한 태도입니다. 동정이 워낙 다양한 의미를 지닌 말이기 때문에 혼란을 느낄 수도 있겠습니다. 한국인의 '오지랖'에 걸맞게 동정을 '남도 잘되기를 바라는 마음'이라고 해봅시다. 내가 좋다고 생각하는 그 삶을 다른 이도 누리기를 바라는 마음, 내가 아는 한 제일 좋은 삶의 조각들이 타인의 삶에도 있기를 바라는 마음이지요. 물론 남만 잘되어서는 안 됩니다. 여기에는 내가 먼저 잘되고 있다는 전제가 깔려 있습니다. 조금 더 솔직해보자면 나보다 더 잘되면 안 되고요.

이런 동정에서 좋은 삶은 결국 '나'라는 기준에 맞추어 다소 현세적인 학벌, 부, 사회적 안정, 건강, 장수 등일 수도 있고, (좀 더 모양새가 나는) 사상과 신앙에 충실한 헌신, 순수, 분투, 자유 등일 수도 있습니다. 어느 쪽이든 타인의 삶을 자신의 삶과 닮게 만들려는 본능이 작용합니다. 자신의 삶이 누군가의 삶의 모본이 되기를 바라는 마음이지요. 동시에 나의 삶이 그의 삶과 같지 않기를 바라는 두려움도 깔려 있을 테고요. 어쨌든 남도 잘되기를 바라는 마음이기에 도무지 뭐가 잘못되었다는 건지 콕 집어 말하기 어렵다는 점에서 위험한 위조지폐입니다. 그런데 뭘 위조했다는 걸까요.

보통 우리가 이타심을 말할 때면 세상의 좋은 것들이 되도록 골고루 사람들에게 분배되는 세상이 되기를 바라는 마음과 행동을 상상합니다. 그런데 은유는《글쓰기의 최전선》에서 동정에 대한 프리드리히 니체의 언급을 이렇게 인용합니다.

동정은 쾌락을 포함하고 우월함을 적게나마 맛보게 하는 감정으로서, (…) 우리 자신을 잊게 해주고 우리의 마음을 충만하게 해주며 공포와 무감각을 쫓아버리고 말을 하게 하고 탄식하게 하며 행위를 하도록 자극한다. 동정에는 무언가 고양하고 우월감을 주는 점이 있다.

첫눈을 미처 보지 못한 사람을 안타까워하는 마음은 순

수하고 예쁘지만, 누구에게나 첫눈을 보는 사치가 필요하거나 가능한 것은 아닙니다. 누구나 첫눈을 볼 수 있는 공간과 시간에서 그날을 보내고 있지 않습니다. 작은 해프닝일 뿐이지만 첫눈을 못 봤다는 사실을 친구에게 지적당했을 때(비록 선의를 가지고 한 말이어도), 저에게 첫눈은 **잃어버린 적 없는 상실**이 되었습니다.

　슬픔은 나누면 반이 된다고 하지요. 애통해하는 이들에게는 곁이 필요합니다. 하지만 슬픔의 공유는 때로 마음의 횡단보도를 침범합니다. 사람들은 누군가의 불행과 죽음 앞에서 모두 학자가 됩니다. 자연사, 병사, 사고사 등 먼저 그 죽음의 물리적 원인을 찾습니다. 그러고는 그 죽음의 사회적, 윤리적 원인을 더듬어갑니다. 횡단보도를 지나칩니다. 그들이 그런 불행을 당한, 죽음을 맞이해야 했던 이유가 있을 것이라는 신념은 사과가 낙하하는 데에 이유가 있을 것이라고 추측했던 아이작 뉴턴의 신념과도 같습니다.

　생의 한가운데에서 분투하고 있는 이들을 예단하지 말고 그의 삶을 대하는 올바른 자세가 무엇인지 우리는 끊임없이 물어야 합니다. 그의 싸움이 정확히 무엇인지 우리가 행동하기에 앞서서 먼저 들어야 합니다. 장애인들이 살기에는 이 세상은 너무 위험하고, 장애인들은 그들끼리 모여 사는 게 낫고, 24시간 돌봐주는 사람이 있는 시설에 살 때 가장 안전하다는 주장에 장애인들이 외쳤던 말이 머리를 스칩니다.

나를 위한다고 말하지 마. 내 얘기를 들어.

정신적 어려움을 겪고 있는 이들이 있습니다. 빛나는 재능을 가진 어떤 이에게 저는 안타까워하며 말했습니다. "기운을 내보자. 너에게는 좋은 바탕이 있어. 나는 네가 날아오르는 모습을 보고 싶어." 그러자 그가 답했습니다. "그 말 많이 들었어요." 말처럼 기운을 쉽게 낼 수 있다면 정신적 어려움이 연구의 대상도, 의학 산업의 아이템도 되지 않았을 것입니다. 그를 격려했던 사람이 제가 처음이 아님에도 불구하고, 그가 오랜 시간 똑같은 상황에 놓인 채 제 앞에 나타났다는 사실은 그가 외부의 조언에 반응하지 못하는 패배자라는 의미가 아닙니다. 쉬운 격려를 건넸던 사람이 아니라 그의 싸움을 깊이 이해해준 사람이 없었다는 사실, 저 역시 그에게 도움이 되지 않을 수준의 동정을 보였다는 사실을 의미할 뿐입니다.

때로 우리는 증거를 원합니다. 그가 직면한 상황이 나의 동정을 자아낼 만큼 충분히, 더, 가장 고통스러운지 궁금해합니다. 내가 다른 사람이 아니라 당신에게 마음을 써야 할 이유가 당신에게 있는지 증거를 요구합니다. 이것은 타인이 스스로 주인공이 되어 땀땀이 직조해낸 이야기를 찢어 자신의 이야기에 덧대는 일입니다. 타인을 위해 울 때, 주인공은 쉽게도 그 사람이 아니라 '울어주고 있는 나'가 됩니다.

우리에게는 각자의 싸움이 있습니다. 대부분은 패배가 예정되어 있습니다. 어렵게 한 골 넣고 수비를 걸어 잠그는 축구 경기처럼 대부분 우리는 인생에서 한 번의 행운을 부여잡고 살아갑니다. 이상한 말로 들릴지 모르지만, 타인의 패배를 너무 동정하지 맙시다. 그는 우리 눈에 보이는 전투에서 패배했을지는 모르지만, 신의 눈에 비친 그의 삶은 다를 것입니다. 아픈 정신을 안고서도 누구보다 상냥하고 친절한 마음을 지키던 이를 바라보며 사람이 꽃보다 아름답다는 시구를 절로 떠올립니다.

너무나 많은 경우 어설픈 동정은 부족한 증거와 증인들을 놓고 함부로 그의 패배를 공적으로 선고하는 재판이 됩니다. 꼭 승리했어야 그의 삶이 의미가 있는 것은 아닙니다. 그를 위로하는 것과 이기지 못한 그를 동정하는 것은 완전히 다른 일입니다. 스스로 삶을 놓아버리는 것조차 패배가 아닙니다. 그는 오롯이 자신에게 주어진 싸움을 해왔고, 자신의 이야기를 완성하고 싶었을 뿐입니다. 오히려 두려운 것은 죽음이 아니라 죽음 이후의 재판입니다.

　모든 이는 삶 앞에 전사로서, 이야기꾼으로서 존중받을 가치가 있습니다. 우리가 어떤 모습으로 살든(심지어 어떤 모습으로 죽든) 타인의 삶과 죽음 앞에서의 진정한 위로는, 패배를 안타까워하는 것이 아니라 **잘 싸웠다고 말해주는 것**일지 모릅니다. 그가 그린 수많은 그림 가운데 그가 고른 그림 앞에 서는 것입니다. 그의 삶을 내 삶의 열등한 복제품으로 만드는 것이 아니라 **그가 기억되고 싶었던 모습으로 그를 기억해주는 것**입니다.

무엇을 위해 살고, 싸우고, 죽을 것인가

아직도 그날의 기억이 생생합니다. 하와이대학교에서 일한 지 1년이 되었을 때, 저는 지금 소속된 학교로 옮기기로 결정된 후 점심을 먹으며 학과장에게 그 사실을 알렸습니다. 몇 시간 후 학교에서는 저의 영주권 신청 절차를 중단한다는 이메일을 보냈습니다. 저녁 무렵 연구실에서 그 이메일을 받고 혼자 한참을 울었습니다. 수년 전 캘리포니아의 로스앤젤레스에서 시작된 제 인생의 여정 하나가 멈추는 상징적 순간이었습니다.

삶이라는 여정도 언젠가 끝납니다. 너무도 당연해서 깊이 생각해볼 기회가 없는 이 말이 묵직하게 다가온 시점은, 육체의 내구성이 떨어지고 생의 즐거움을 잃어가기 시작한 때부터입니다. 학교로 가는 길에는 은행나무 가로수길이 있습니다. 거기에는 봄, 여름, 가을, 겨울이 모두 있습니다. 가을이 깊어지면 은행잎들이 노랗게 물들기 시작합니다. 한번 단풍이 들기 시작하면 하루가 다릅니다. 그러다 어느 날 비가 오고 잎들은 모두 떨어집니다. 마치 인생처럼 말이죠.

죽음이 멀리 있을 때, 삶은 **무언가를 지향하며 쌓아나가는 활동**입니다. 모두가 무언가를 쌓아나갈 기회를 얻지는 못하는 세상에서, 학문을 업으로 살아왔던 제게는 민망하게도 그나마 무언가를 쌓을 기회들이 종종 주어졌습니다. 그리고 그 어떤 것도 소홀히 할 수 없었습니다. 삶의 모든 순간이 언제, 어떻게, 어디에 쓰일지 모르는 건축 자재와도 같았습니다.

죽음이 어렴풋이 느껴질 때, 삶은 **무언가를 위해 싸우는 활동**입니다. 이제는 이 짧은 생을 뛰어넘어 무언가를 남기는 일에 대해 생각하게 됩니다. 전태일 같은 이는 젊은 날에 자신이 무엇을 위해 싸워야 할지를 생각했지만, 저 같은 사람은 나이가 들어서야 싸워야 할 존재들이 떠올랐습니다. 하지만 여전히 그 싸움은 매운 짬뽕을 먹은 후에 겪는 속쓰림마냥 그저 제 안에서만 북적거리는 싸움 같습니다. 사람들의 눈에는 별다른 차이가 없는(제 입장에서는 차이가 크지만) 조금은 더 의미 있는 연구, 조금은 더 가족과 주변을 돌아보는 삶, 조금은 더 다양한 사회 활동 같이 그저 조금은 더 '그럴듯한 사람'처럼 보이게 만드는 선택들을 해온 것 같습니다.

죽음이 훌쩍 가까이 느껴지기 시작했을 때, 삶은 **무엇을 위해 죽을 것인지**를 비로소 진지하게 질문하고 용기를 내야 하는 선택의 연속이 됩니다. 이제는 삶의 모든 영역을 간수할 수 없습니다. 보내야 할 것들은 보내고, 내려놓을 것들은 내려놓아야 합니다. 생전에 어떤 결과를 보지 못할지도 모른다는 것을 예감합니다. 그럴 때 행동은 결과를 위한 것이 아니라 그저 그 자체의 의미를 위한 것이 되기도 합니다. 미래를 위한 것이 아니라 오늘, 지키고 싶은 삶을 조금이라도 구현하는 노력이 됩니다. 그리고 정말로 중요한 한두 가지만을 선택하게 됩니다. 오늘이 충실하다면 그것으로 족합니다.

৪

2014년 10월 제가 소속된 대학원이 주최하는 국제 세미나의 기획과 운영을 준비하는 역할을 맡은 적이 있습니다. 주제는 세월호 참사에 대응하여 이와 같은 참사가 재발하지 않도록 정부를 혁신하는 방안에 대한 것이었습니다. 전 미국행정학회장, 유수한 저널의 편집장, 행정윤리와 인사행정 분야의 대가 등 외국 학자 다섯 명을 초청했습니다. 준비에만 수개월이 걸렸으니 단일 세미나로서는 꽤 큰 셈이었습니다. 이들의 발표에 현실감각을 더하기 위해 세월호 참사 관련 영문 기사들을 모아서 미리 보내주기도 했습니다. 당시 청중들은 세월호 참사의 디테일을 외국 학자들이 (지금 돌아보면 민망한 수준이지만) 어떻게 저리 잘 아는지 놀랍다는 반응이었습니다. 세미나장은 청중으로 가득했습니다. 전체적인 준비를 맡았던 저로서는 상당히 보람찬 날이었습니다.

그날 밤 집으로 돌아가 아내에게 세미나가 얼마나 좋았는지 신이 나서 이야기를 했습니다. 저로서는 긴장도 풀렸고 세미나도 잘 진행되었으니 그럴 법도 했지요. 하지만 제 이야기를 듣던 아내가 무심하게 툭 던진 질문에 생각이 잠시 멈췄습니다. "그래서, 유가족들에게 도움이 된대?"

지금도 저는 그 세미나 자체는 충분히 의미 있는 세미나였다고 생각합니다(학계라는 공간에 국한할 때). 하지만 아내의 질문은 제 인식의 지평이 얼마나 좁았는지, 제 안에 타자의 경계가 어디까지였는지를 일깨우는 스님의 죽비와도 같았습니다. 아니, 제 마음속 그날의 주인공이 참사를 겪은 이들이 아니라 세미나 그 자체였다는 사실을 깨달았고, 그 사실을 아내에게 들켰던 것입니다.

세미나를 계획하고 진행하는 일은 대학에 몸담은 학자로서 삶을 쌓아나가는 일이었습니다. 업적도 쌓고, 사회적 관계들도 맺고, 심지어 주제까지도 의미 있었지요. 다만 그것이 참사로 희생된 이들과 연대하는 활동까지는 아니었습니다. 그들의 희생이 제 삶을 확장하는 그럴듯한 모티브가 되었을 따름입니다. 제 삶은 어디로 향하게 될지 알 수 없는 것이었습니다. 그저 제게 주어진 직업적 책무에 따라 닥치는 대로 쌓아나간 것이었죠.

어느 순간부터 시민의 한 사람으로서 '당사자'들을 만날 때, 질문이 달라졌습니다. 감히 제가 이분들을 위해 무슨 싸움을 했다고 할 만한 손톱만큼의 일도 없지만, 그저 제 삶의 **균형추가 기울기 시작했다**는 정도로 말할 수는 있을 것 같습니다. 그런데 수많은 가능성과 길 가운데 하필 왜 이리로 기운 것일까요.

416합창단 연습실 입구에는 가로로 긴 직사각형 액자가 하나 걸려 있습니다. 〈그대 눈물 마르기 전에〉라는 노래의 첫 소절인 "벗이여 슬퍼 마오 내 항상 그대 곁에 있으니"*라는 가사의 악보를 손으로 예쁘게 그리고 그 위에 수를 놓은 액자입니다. 합창단이 한 고등학교에 가서 공연을 하고 그곳의 교사들로부터 받은 선물입니다. 이 액자는 시간이 좀 지나면 한쪽으로 기웁니다. 액자가 길다 보니 아무리 중심을 잡아놓아도 시간이 지나면 꼭 한쪽으로 기우는 것입니다. 그러면 단

* 류형선 작사·작곡, 《그대 눈물 마르기 전에》, 1992. KOMCA 승인필.

원 중 한 명이 그것을 다시 수평으로 바로잡습니다. 정확히 말하자면 그것은 바로잡는 일이 아닐지도 모르고, 그 액자는 결코 평평하게 걸릴 수도 없습니다. 액자가 기울어지는 것도 액자의 일부입니다.

사람도 마찬가지겠죠. 태어날 때, 어릴 때, 처음 사회에 나갈 때, 그날의 세미나처럼 어떤 결정적 계기 앞에서 당황했을 때 생겨난 미세한 기욺은 시간이 지날수록 더 분명하게 보이게 됩니다. 우리가 운명이라고 부르는 일들은 이 기욺의 다른 이름인지도 모릅니다. 일어나기로 오래전에 예정된 일이었던 것입니다.

질문을 바꾸는 일은 삶에서 가장 중요한 변화 중 하나입니다. 무엇을 위해 살 것인가. 무엇을 위해 싸울 것인가. 무엇을 위해 죽을 것인가. 이 세 질문이 서로 다르지 않다고 여기거나 세 질문을 동시에 던지는 이들은 아마도 불꽃 같은 삶을 살겠죠. 안중근, 전태일, 조영래, 윤동주. 이들은 투사였고 불꽃처럼 찬란하게 피어오르는 삶을 살았습니다. 저는 이 세 질문이 오랜 시간을 두고 하나씩 차례로 문을 두드린 삶을 살아왔습니다. 저 같은 사람에게는 열정보다는 시간이 필요했습니다. 이런 사람도 있고, 저런 사람도 있다고 스스로를 납득시켜 봅니다.

기울어지는 액자를 다시 생각합니다. 무엇을 위해 살고,

싸우고, 죽을 것이냐는 질문은 묵직하긴 하지만 그에 답하는 일은 아주 어려운 결단이 아닐지도 모릅니다. 우리는 그저 시간에 따라 기우는 액자와 같지 않을까요. 마음의 무게가 더 기운 쪽으로 살았고, 싸웠고, 죽을 것입니다. 아카펠라 그룹 아카시아가 부른 〈너랑 노래할래〉라는 예쁜 곡이 있습니다. 왜 하필 너일까요. 가사에 있는 것처럼 "다른 누구도 아닌 너"여야 할 필연적 이유가 있을까요. 그런 건 없습니다. 그냥 당신이 내 삶에 다가왔기 때문에, 우리가 만나버렸기 때문이겠죠. 그냥 당신에게 기울었을 뿐입니다.

늦은 고백

직업이 교수다 보니 사람들에게서 보통 받는 질문은 요즘 무슨 연구를 하는지, 강의는 뭘 하는지 같은 것들이었습니다. 그런데 아버지가 돌아가시고 얼마 지나지 않은 어느 날 밤, 한 청년을 만난 자리에서 그가 저에게 대뜸 물었습니다.

교수님은 꿈이 뭔가요?

음? 꿈이 뭐냐고? 마치 제 심장의 박동수를 재는 듯한 이 질문을 던지며 빛나던 눈을 똑바로 볼 수가 없었습니다. 별것 아닐 수도 있는 흔한 질문이었습니다. 그러나 사람에게는 모름지기 말에 부합하는 삶의 서사가 있어야 한다고 믿는 저의

'서사주의'에 따르자면, 그는 저에게 물을 자격이 있는 치열한 서사를 가지고 있었습니다. 그런 사람이 저에게 꿈이 뭐냐고 물은 것입니다.

당시 저에게는 '일'이 있었지 '꿈'은 없었습니다. 한때 그일들은 꿈과의 연결 고리가 있었지만, 어느새 그 그림자도 잘 보이지 않았습니다. 그런데 꿈이 뭐냐는 그 도전하는 듯한 질문이 그와 헤어지고 나서도 내내 머릿속을 떠나지 않았습니다. 꿈이 있냐고(꿈이 뭐냐고 물었는데도)? 꿈이 없을 리가 있나? 그런데 내 꿈은 뭐지? 내 꿈은 뭐였지? 뭐여야 하지? '꿈'이 뭐지? 혹시 이 사람 '희망'을 이야기하고 있는 건가?

주변 어른들은 종종 저에게 책을 한 권 쓰라고 권했습니다. 대중서가 나올 만한 나이인데 논문만 쓰고 있으니 하신 말씀이라 생각했고, 격려에 감사했습니다. 다만 먹고살아야 해서 쓰는 논문 외에 제 이름을 새겨넣은 단독 집필은 결코하지 않을 작정이었습니다. 권유를 받을 때면 대답했습니다. "감사합니다. 하지만 저 같은 사람이 쓴 책을 누가 보겠어요. 저에겐 서사가 없거든요." 이 말을 들으면 하나같이 모두 잠시 당황하시고는 "괜찮아요"라는 말씀을 돌려주셨습니다. 그

것은 정말로 괜찮다는 의미라기보다는 대화의 마침표 같은 말이었습니다.

사람들이 읽고, 감동하고, 힘을 얻는 책들의 한결같은 특징은 뭘까요. 저는 확실하고 명료한 주장에 더하여 다소 극단적인 주장조차 수용하게 만드는 저자의 강력한 개인 서사라고 생각합니다. 불리한 여건을 딛고 일어나 다른 이들에게 꿈을 주는 사람, 압도적인 능력으로 성취를 이룬 사람, 아무도 가보지 않은 길을 개척한 사람, 아무도 보지 못한 세상을 들여다본 사람. 출판인 박성열의 표현을 빌자면 "다음 페이지를 넘기게 만드는 사람". 이런 사람들의 서사를 담아낸 글에는 비교할 수 없는 설득력과 감동이 있습니다. 그의 이야기는 그가 살아낸 삶에 의해 증명이 되고 구체성을 얻기 때문입니다. 서사 자체가 주는 감동도 한몫합니다. 스티브 잡스Steve Jobs만큼 기업을 성공적으로 이끈 이들은 많지만, 잡스만큼의 서사를 지닌 이들은 그리 많지 않습니다. 미국 자폐 진단과 운동의 역사를 기록한《자폐의 거의 모든 역사》를 보면, 사회운동계에서도 운동을 이끈 '아이돌'들은 어김없이 강력한 개인 서사를 배경으로 하고 있습니다.

저 역시 내용만큼이나 작가의 서사에 반하는 한 사람의 독자입니다. 그 서사에 반해서 저는 이데올로기적 일관성이 아니라 순례자적 서사성에 따라 서로 다른 사상들에 매료되

곤 했습니다. 사상이 아니라 사람을 좋아했고, 사람을 좋아하고 나서 사상을 좋아하기도 했습니다.

이러한 일종의 서사주의는 저의 목소리를 강의실, 학술 논문 안에 가두려는 욕망으로 나타났습니다. 서사가 없는 목소리에는 저 자신조차 관심이 없는데, 제 안에서 서사를 발견할 수 없었기 때문입니다. 신형철의 표현을 빌자면 "나는 타인이 욕망할 만한 사람인가?"라는 질문에 답할 수 없었습니다.

그런데 이러한 사고의 흐름이 저를 몰아간 지점에는 예상치 못한 질문이 기다리고 있었습니다. **왜 나는 서사 없는 삶을 살아왔는가?**

서사 없는 삶. 그 무엇에도 도전해보지 않았고, 그 무엇과도 싸워보지 않았고, 그 누구도 지켜준 적 없는 삶. 개인주의적이고 폐쇄적인 삶. 수도사가 되고 싶었다고 자랑스레 말하며, 한때의 꿈에 가장 가까운 세속적 직업이라서 교수가 되었다고 말하고, 동료 인간에 대한 무관심을 은둔자적 기질로 애써 치환시켜 '서사 없음이라는 서사' 속에 숨었던 삶. 누구도 비판해보지 않았고, 누구에게도 악의를 사보지 않았던 삶. 누구를 때릴 이유도, 누구에게 맞을 이유도 없었던 삶. 적이 없었고, 그래서 친구도 없었던 삶.

서사주의에도 한계는 있습니다. 흥미로운 서사를 가지지

않은 삶이라 해서 서사를 가진 유사한 다른 이의 삶보다 결코 못하지 않습니다. 서사주의는 이런 사실을 은폐할 가능성이 있습니다. 게다가 눈에 보암직하도록 덧칠된 서사들도 적지 않습니다. 무엇보다 전쟁에 동원된 숱한 민초들의 사연 대신 항우와 유방의 이야기가 전파되듯이, 대중적 서사에는 영웅주의적 색채가 있습니다. 제 연구로 '작은 자' 그리고 '작은 공共' 같은 개념들을 빚는 작업*을 하면서는 이런 한계들이 점점 더 또렷하게 보이기 시작했습니다.

서사 없음의 '이유'가 죄책감을 유발하긴 하지만, 서사주의의 이런 어두운 면을 알기에 제 삶이 아예 무가치하게 느껴지거나 서사 없음 자체가 부끄럽지는 않았습니다. 하지만 어느 날의 독서로부터 또 다른 좌절이 찾아왔습니다.

홍은전은 《그냥, 사람》의 서장에서 자신의 청춘이 끝났다는 걸 깨달았던 날, 이렇게 적었습니다.

관객이 되어 바라본 내 청춘이 너무 마음에 들었기 때문이었다.

한참 이 문장에 머물러 있었습니다. 이 문장을 조각해낸

---

* 최태현,《절망하는 이들을 위한 민주주의》, 창비, 2023.

삶을 훔치고 싶다는 마음까지 들었습니다. 학교 문턱에도 가보지 못한 중증장애인들을 교실로 데리고 와서 교학상장 했던 노들장애인야학에서 청춘의 13년을 보내고, 그곳을 나와 우연히 돌아본 홍은전의 청춘은 후회스럽지 않은 것이었나 봅니다. 한 사람이 자신의 청춘과 이별했다는 걸 처음 자각한 순간, 그것에 후회하지 않을 수 있는 삶만큼 행복한 삶이 또 있을까요.

어떤 친구들은 시험과 취업을 준비하고, 다른 이들은 일찍부터 학문에 매진하고, 어떤 이들은 타인을 위해 한발 앞서서 자신의 청춘을 던지기 시작했을 때 저는 10대 시절 원했던 국문학을 포기했다는 반항심과, 수도사가 되고 싶다는 치기와, 자유와 낭만이라는 이름의 게으름으로 인해 아무 목적의식 없이 살았습니다. 교만했고, 흔들렸고, 어렸습니다. 청춘이란 그렇게 보낸 시간조차 별처럼 빛나게 만드는 힘이 있었지만, '저 하나'만 생각하면 아름다운 사람들과 결코 바꿀 수 없는 추억의 시간이었지만, '너무나 저 하나'만의 삶이었습니다. 저는 이것이 **후회**라는 걸 깨달았습니다. 관객이 되어 바라본 제 청춘은 후회스러운 것이었습니다.

여기까지 읽은 당신은 놀라운 사람입니다. 이런 서사 없는 고백을 끝까지 읽었다면 당신은 매사에 궁금증이 가득한 사람이거나, 저의 지극한 지인이거나, 어쩌면 제 '심심한' 삶

안에서 당신의 삶과 닮은 조각들을 찾아낸 '심심한' 사람일지
도 모르겠습니다. 반갑습니다. 심심한 호구들의 모임에 잘 오
셨습니다.

서사가 없다고 심심한 삶은 아닙니다. 심심한 호구들의 특
징은 관계를 지나치게 중요시한다는 점입니다. 그들은 한정
된 에너지를 앞으로 나아가는 데 쓰기보다는, 지금 내 발자
국이 남에게 해를 끼치지 않는지 실시간으로 살피는 데 더 많
이 씁니다. 역동성은 없지만 배려가 강물처럼 흐릅니다. 1미
터짜리 줄자를 받아 들고서는 1밀리미터짜리 눈금 안에다가
더 작은 눈금들을 그려 넣으면서 살아갑니다. 왜일까요. 세상
에는 1밀리미터보다 작은 삶들이 있기 때문입니다. 그걸 알
아버린 사람들이기 때문입니다. 그 삶들에 매혹되어버린 사
람들이기 때문입니다.

마음이 괴로울 지경까지 꿈이 뭐냐는 질문과 오래 씨름한
끝에, 저는 어느 날 이런 가상의 대화를 써보았습니다.

"저는 꿈이 없는 사람이 될래요." A가 말했다.
나는 깜짝 놀라며 물었다. "세상에, 꿈이 없는 사람이 되는

것이 꿈인 사람이 세상에 어디 있겠니? 왜 그러는지 물어봐도 되겠니?"

A는 눈을 반짝이며 대답했다. "꿈이 없는 사람은 꿈이 없으니까 아무 데도 갈 곳이 없을 거잖아요. 그러니 그 사람은 자기 자리에 가만히 있을 거예요. 이뤄야 할 목표도 없을 테니 아마도 저녁이면 천천히 걸으며 사색에 잠길 수도 있을 거고요. 바쁜 일이 없을 테니 누가 급하게 만나러 와도 차 한잔 마실 시간이 늘 있겠죠." A의 말을 듣고서 나는 잠시 생각하다 고개를 끄덕였다. "그렇겠네."

A는 말을 이었다. "그래서 꿈이 없는 사람은 다른 사람을 쉬게 할 수 있는 사람 같아요. 모두가 꿈을 향해 달려가고 있다면 누구도 남에게 쉼을 줄 수 없을 거잖아요. 그렇다면 저 같은 사람이 한 사람쯤 있는 것도 나쁘지 않을 거예요. 저는 다른 사람들에게 쉼이 되고 싶어요."

"좋은 꿈이구나." 나는 고개를 돌리며 혼잣말하듯이 슬쩍 대답했다. 사실은 나도 꿈이 없다는 말은 차마 하지 못했다.

이야기를 맺어야 하겠습니다. 아버지가 돌아가시기 전, 마지막에 섬망증이 생기신 아버지가 저를 자주 찾으셨다고 어머니는 말씀하셨습니다. 어떤 문제가 떠오를(상상될) 때면 "태현이가 와서 해결할 거야"라고 말씀하셨다고 합니다. 저는 평생 아버지의 해결책이었던 적이 없는데 말입니다. 지금 이 글을 쓰면서도 그 회한과 죄책에 잠시 손을 멈춥니다.

그런 아버지가 돌아가시던 병원 소생실(이름은 왜 또 소생실이었는지…). 이미 의식을 잃으셨지만, 도대체 의학적으로 무슨 일이 진행되는지 알 수 없었지만, 마지막 숨을 내쉬던 그 순간 초점 없는 아버지의 오른쪽 눈은 천장을, 왼쪽 눈은 아버지의 손을 붙잡고 아버지를 부르던 저를 향하고 있었습니다. 그 눈이 저를 향하고 있었습니다. 그렇게 믿고 싶습니다.

이타적 마음은 꼭 무언가를 '해주려는' 동기일 필요는 없습니다. 사람은 누구나 각자의 싸움을 싸웁니다. 모르도르로 향하던 프로도의 싸움처럼 도무지 도와줄 수 없는 싸움일 때도 있습니다. 우리가 할 수 있는 최선의 일은 그가 나를 마지막으로 본 그 자리, 그의 눈에 죽음의 그림자가 임박했을 때 마지막으로 나를 보고 싶어 눈길을 돌려 바라볼 그 자리에 **있어주는 것**인지 모릅니다. 먼 길을 떠나기 전 그가 언제라도 전화할 수 있도록 마음의 전화번호를 바꾸지 않는 것입니다. 나의 삶도 흐르고, 나도 나의 싸움을 싸워야 하기 때문에 이 경우라면 감히 있어주는 것이라고 말해도 될 것 같습니다. 이 복잡한 세상에서 충분히 깊어진 이타심은 무언가를 억지로 하는 마음보다는 그저 소나무처럼 그 자리에 **있어주는 마음**인지도 모릅니다.

다짐해봅니다. 누군가의 마지막 눈길이 향하는 순간 그 자리에 제가 있기를. 그럴 수 있는 삶을 살아가기를. 그 순간이야말로 그 어떤 위선도 없는 이타심의 순간이라고 말해보고 싶습니다.

감사의 말

책에 담긴 모든 이야기의 주인공들에게 감사합니다. 특별히 부르고 싶은 이름들이 있습니다. 416합창단에 감사합니다. 지휘자 박미리는 초고의 첫 독자로서 원고를 넘길 용기를 주었습니다. 한국 최초의 장애인 탈시설운동 NGO '장애와인권발바닥행동'을 비롯한 장애인 인권운동단체와 활동가들에게 감사합니다. 그들의 희망을 사랑했습니다. 일부러 실명을 표기하지 않았지만 저보다 훨씬 아름다운 청춘을 살아가고 있는 제 학생들에게 감사합니다. 꿈이 뭐냐고 물어주신 분께도 감사합니다. 어린 날을 함께해주었던 분들에게 감사를 전합니다.

자신의 책과 이야기로 제 삶의 기울어짐에 영향을 주신

분들에게 감사합니다. 이분들과 간접적이나마 생각과 언어를 공유할 수 있어서 기뻤습니다. 특별히 이 책의 제목에 영감을 준 책,《개인주의자 선언》의 문유석 작가님께 감사합니다.

부족한 책을 위해 흔쾌히 추천사를 써주신 백온유, 장일호, 홍은전 작가님께 감사합니다. 제가 얼마나 놀랐는지요.

어느 날 덜컥 찾아와 저에게 에세이를, 그것도 이타심에 대한 이야기를 써보자고 제안한 이형준 편집자에게 감사합니다. 이형준 편집자의 격려와 주기적인 확인(겸 독촉), 그리고 믿음 덕에 책을 마무리할 수 있었습니다. 물성을 지닌 이야기 보따리인 책을 이야기의 지향과 잘 맞도록 세심하게 디자인해주신 홍지연 디자이너(형태와내용사이), 박애영 디자이너에게도 감사합니다. 현장에서 분투하는 마케팅 담당자, 제작 과정을 꼼꼼하게 챙겨주시는 제작 담당자 분들에게도 감사합니다. 그간 이형준 편집자와 디플롯이 출간한 책들을 생각하면 영광입니다.

제 영원한 타자인 가족들에게 감사합니다. 모쿠슈라.

마지막으로 시민이라는 타자로 함께 시대를 살아가는 여러분에게 감사를 전합니다.

참고문헌

단행본

10·29 이태원 참사 작가기록단·김혜영, 《참사는 골목에 머물지 않는다》, 창비, 2024.

416세월호참사 작가기록단, 《520번의 금요일》, 온다프레스, 2024.

고병권 외 9인, 《나를 위한다고 말하지 마》, 삶창, 2013.

고종석, 《말들의 풍경》, 개마고원, 2012.

김애란, 진은영 외 10인, 《눈먼 자들의 국가》, 문학동네, 2014.

김윤영, 《가난한 도시생활자의 서울 산책》, 후마니타스, 2022.

김창엽 외, 《나는 나쁜 장애인이고 싶다》, 삼인, 2020.

김혜진, 《딸에 대하여》, 민음사, 2017.

마사 누스바움, 박용준 옮김, 《정치적 감정》, 글항아리, 2019.

마이클 샌델, 김명철 옮김, 《정의란 무엇인가》, 와이즈베리, 2014.

박경석·정창조, 《출근길 지하철》, 위즈덤하우스, 2024.

박정은, 《슬픔을 위한 시간》, 옐로브릭, 2018.

베르톨트 브레히트, 이재진 옮김,《도살장의 성 요한나》, 지만지드라마, 2019.

수전 손택, 이재원 옮김,《타인의 고통》, 이후, 2004.

스티븐 핑커, 김명남 옮김,《글쓰기의 감각》, 사이언스북스, 2024.

신형철,《정확한 사랑의 실험》, 마음산책, 2014.

어빙 고프먼, 진수미 옮김,《자아 연출의 사회학》, 현암사, 2016.

에릭 와이너, 김하현 옮김,《소크라테스 익스프레스》, 어크로스, 2021.

은유,《글쓰기의 최전선》, 메멘토, 2022.

조세희,《난장이가 쏘아올린 작은 공》, 이성과힘, 2024.

존 돈반·캐런 주커, 강병철 옮김,《자폐의 거의 모든 역사》, 꿈꿀자유, 2021.

최규석,《송곳》, 창비, 2015.

최태현,《절망하는 이들을 위한 민주주의》, 창비, 2023.

타리 외 20인, 장애여성공감 엮음,《시설사회》, 와온, 2020.

홍은전,《그냥, 사람》, 봄날의책, 2020.

홍은전,《전사들의 노래》, 오월의봄, 2023.

홍재환·함종석,《국가경쟁력과 리더십》, 법문사, 2009.

Freud, S., "Mourning and Melancholia", *The Standard Edition of the Complete Psychological Works of Sigmund Freud* (London: Hogarth Press, 1917).

Sandel, M. J. (Ed.), *Liberalism and Its Critics* (Oxford: Basil Blackwell, 1984).

기사·칼럼

〈김예지 의원, '차별 언어 바로잡기' 퀴즈에서 아쉬웠던 순간〉,《미디어오늘》, 2024.2.20.

〈한강 "세계 곳곳 전쟁인데 무슨 잔치"…기자회견 안 한다〉,《경향신문》,

2024.10.11.

고병권, 〈두 번째 사람 홍은전〉,《경향신문》, 2020.10.1.

최태현, 〈그 하나의 이름〉,《경향신문》, 2024.5.12.

최태현, 〈그들의 소원에 기회를〉,《비마이너》, 2024.2.8.

최태현, 〈언어를 만들어내는 운동〉,《비마이너》, 2024.8.9.

최태현, 〈헌정〉,《비마이너》, 2024.9.11.

"Americans: heaven-bound for sure", *Deseret News*, March 23 (1997).

기타

가수 하림이 2024년 10월 26일 페이스북에 쓴 글.
https://www.facebook.com/share/p/18U8YsiQwZ/

도서출판 사이드웨이의 대표 박성열이 2024년 10월 5일 페이스북에 쓴 글.
https://www.facebook.com/share/p/1Ait7BWxu9/

변재원, 안희제, 천주희, 최태현이 함께 쓴 브런치북《공공의 재구성》.
https://brunch.co.kr/brunchbook/publicness

이타주의자 선언

1판 1쇄 찍음	2025년 1월 15일
1판 1쇄 펴냄	2025년 1월 31일

지은이	최태현
펴낸이	김정호

주간	김진형
책임편집	이형준
디자인	형태와내용사이, 박애영

펴낸곳	디플롯
출판등록	2021년 2월 19일(제2021-000020호)
주소	10881 경기도 파주시 회동길 445-3 2층
전화	031-955-9504(편집) · 031-955-9514(주문)
팩스	031-955-9519
이메일	dplot@acanet.co.kr
페이스북	facebook.com/dplotpress
인스타그램	instagram.com/dplotpress

ISBN	979-11-93591-30-7 03300